L'ABC
DE
L'ASTROLOGIE

COLLECTION ABC

ABC de l'Astrologie, D. de Caumon.
ABC de la Cartomancie, G. Sciuto.
ABC de la Numérologie, J.-D. Fermier.
ABC de la Graphologie, M. Moracchini.
ABC de l'Hypnose, E. Barone et J. Mandorla.
ABC de l'Astrologie Chinoise, D. de Caumon.
ABC de la Parole Facile, S. A. Bower.
ABC des Rêves, C. Genest.
ABC du Yoga, M.-F. Lemoine.
ABC des Tarots, C.-H. Silvestre.
ABC du Yi-King, B. Ducourant.
ABC des Couleurs, D. Beresniak.
ABC de Morphopsychologie, C. Binet.
ABC du Magnétisme, J. Mandorla.
ABC de la Géomancie, A.-M. Cacciaguerra.
ABC des Sciences Occultes, L. Maar et C.-H. Silvestre.
ABC des Prévisions Astrologiques, D. de Caumon.
ABC de la Morphochirologie, M. Bouillon et P. Rouillier.
ABC de la Radiesthésie, J.-L. Crozier, J. Mandorla.
ABC de la Géobiologie, D. Semelle.
ABC des Expressions du Visage, L. Corman.

COLLECTION L'ORACLE

Numérologie : le livre des cycles, J.-D. Fermier.
Comprendre et interpréter vos rêves, M. Devivier et C. Léonard.
Votre avenir au quotidien par les tarots, C.-H. Silvestre.
Numérologie : le symbolisme des lettres, J.-D. Fermier.
12 meilleures méthodes pour tirer les tarots, C. Silvestre-Haéberlé.
L'Oracle de Belline, C. Silvestre-Haéberlé.

Danièle de CAUMON-PAOLI

L'ABC DE L'ASTROLOGIE

Jacques Grancher, éditeur
98, rue de Vaugirard 75006

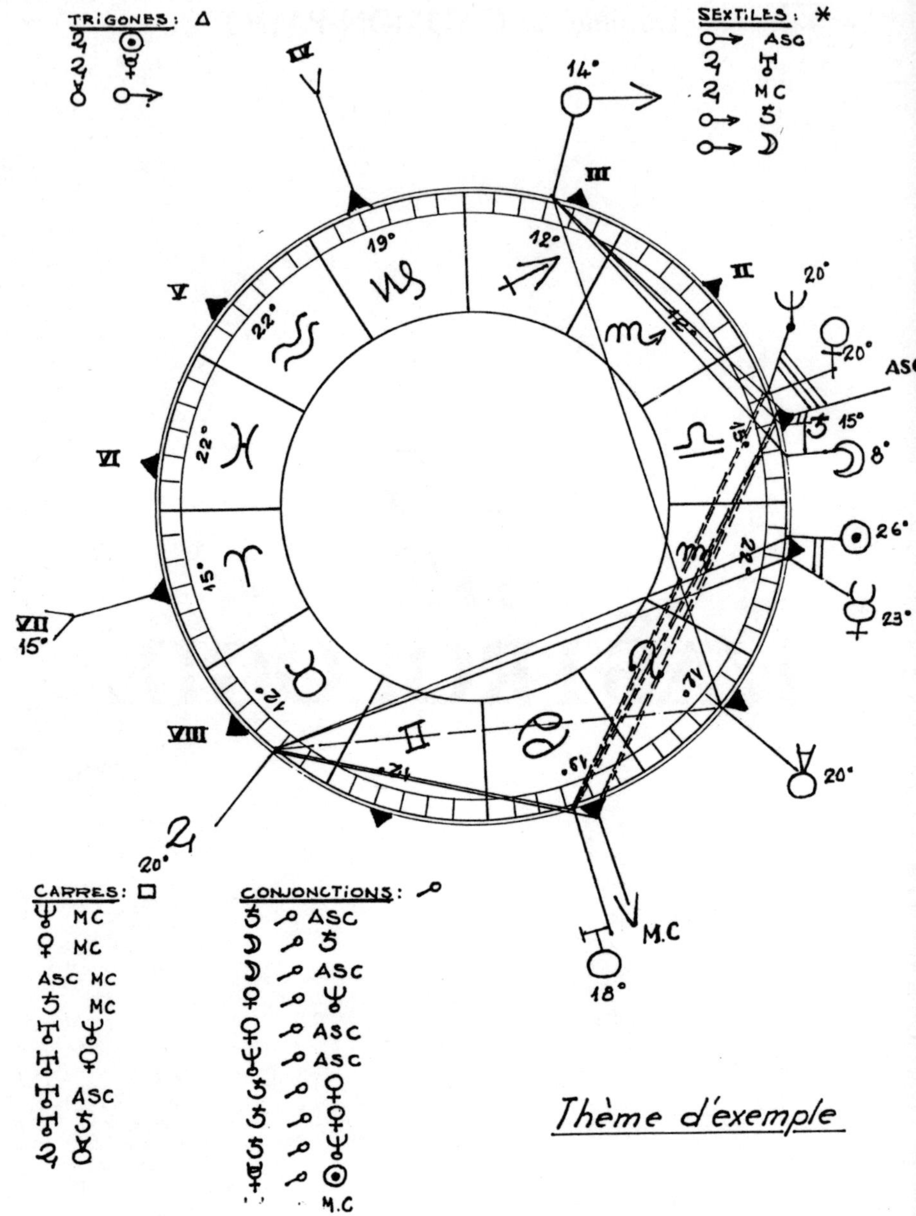

Thème d'exemple

INTRODUCTION

L'étymologie du mot horoscope vient de deux mots grecs : *hôrô* (heure) et *skipen* (examiner).

L'horoscope, ou thème natal, c'est donc la situation astronomique au moment exact de notre naissance.

Cette situation, nous apprendrons à la reproduire, à noter la position des planètes, des maisons et les relations des planètes entre elles.

En fonction de ces positions, nous étudierons le thème. La finalité de l'astrologie n'est pas de dire la bonne aventure. L'astrologie ne prédit pas un événement, elle nous permet de connaître et de comprendre les différentes phases qui obligent l'être à se développer.

L'astrologie permet, à notre époque où les êtres sont plus fragiles psychologiquement, de donner à leur destinée et à leur expérience une autre dimension.

Etudier l'astrologie est une responsabilité, une possibilité d'avoir un pouvoir sur les autres à travers leur thème.

Ainsi, après avoir travaillé ensemble, continuez à lire, à étudier et surtout ne jouez pas les apprentis sorciers.

Nous naissons et nous participons à la vie, nous évoluons, nous nous transformons en fonction du contact que nous avons avec les autres.

Les influences astrales nous donnent des indications qui concernent la structure psychique du sujet, mais nous devons tenir compte de son hérédité, de son entourage, de son éducation, de l'influence familiale et de l'héritage du passé que nous avons tous en nous.

Ces facteurs donnent à chaque sujet des tendances différentes : par exemple, au moment de notre naissance, *x* personnes sont nées dans la même ville, à la même heure.

Au départ, les positions planétaires sont jumelles, mais elles vivent leurs existences différemment parce que l'influence parentale, héréditaire, etc. les pousse à faire des choix différents. Il faut donc, pour commenter un thème, être en contact avec le sujet, afin de comprendre comment il vit son plan de conscience.

L'astrologie nous permet de nous connaître et de savoir quelles sont nos possibilités réelles ; elle nous montre les obstacles que nous devons franchir afin d'acquérir notre véritable dimension humaine. C'est un lien qui nous relie au cosmos, à l'univers, c'est notre relation entre la terre et le ciel.

Ce livre n'a pas la prétention de se substituer aux excellents ouvrages écrits sur le sujet, mais c'est l'ALPHABET ASTROLOGIQUE INDISPENSABLE au débutant. Il lui donne les bases nécessaires pour lui permettre, par la suite, d'aborder d'autres ouvrages d'astrologie et d'approfondir ses recherches.

Si vous n'êtes pas :
TRÈS LOGIQUE
TRÈS CARRÉ
LE ROI DE LA SYNTHÈSE
TRÈS MATHEUX
Ne désespérez pas, vous pouvez quand même apprendre l'astrologie.

OUTILS NÉCESSAIRES AU MONTAGE D'UN THÈME

EPHEMERIDES : livre qui indique la position des planètes jour par jour.

Procurons-nous les *éphémérides* « The concise planetery Ephemerid for 1900 à 1950 » et celles de 1950 à 2000.

L'heure sidérale est indiquée par OH ou Midnight ; pour nous qui débutons, cette heure va faciliter les calculs.

Les tableaux qui nous intéressent pour notre travail sont reproduits dans les pages qui vont suivre.

Ce livre a pour but d'initier les débutants, c'est pourquoi nous allons simplifier au maximum la partie technique.

Procurons-nous le *calendrier des maisons astrologiques de Georges Muchery *;* il est d'un emploi simple et peu coûteux. Seul inconvénient : il ne peut servir que pour les naissances en France. Dans les pages suivantes, nous trouvons les dates des changements d'heure pour la France et les latitudes et longitudes des villes de France. Cela va vous permettre de calculer la position des maisons (les explications qui concernent la signification d'une maison et la manière de se servir de ces tableaux se fait au fur et à mesure des chapitres correspondants).

Les Zodiaques vierges qui suivent sont à découper afin de vous permettre de travailler.

* Les cartes de Muchery sont disponibles dans toutes librairies ésotériques.

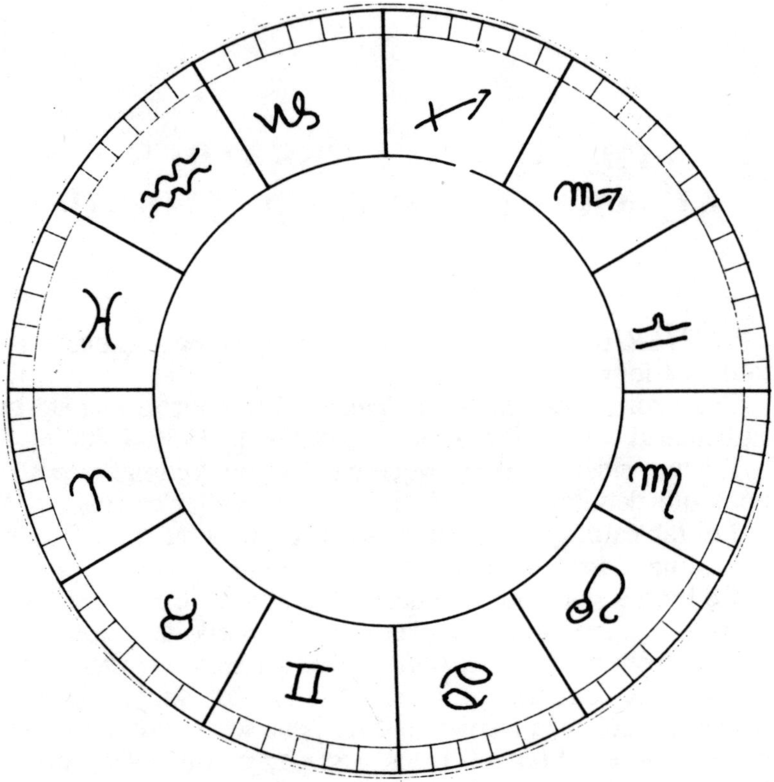

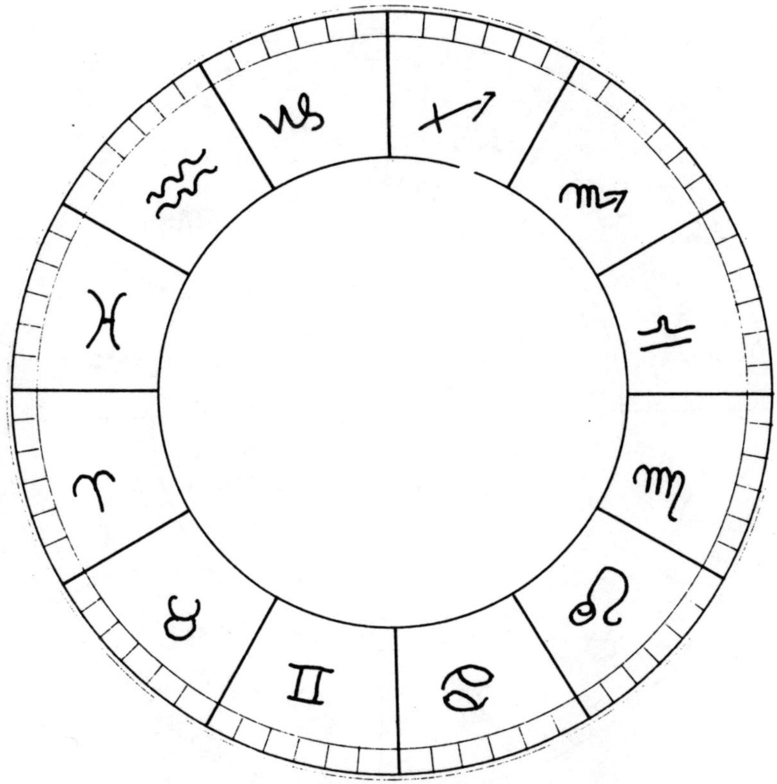

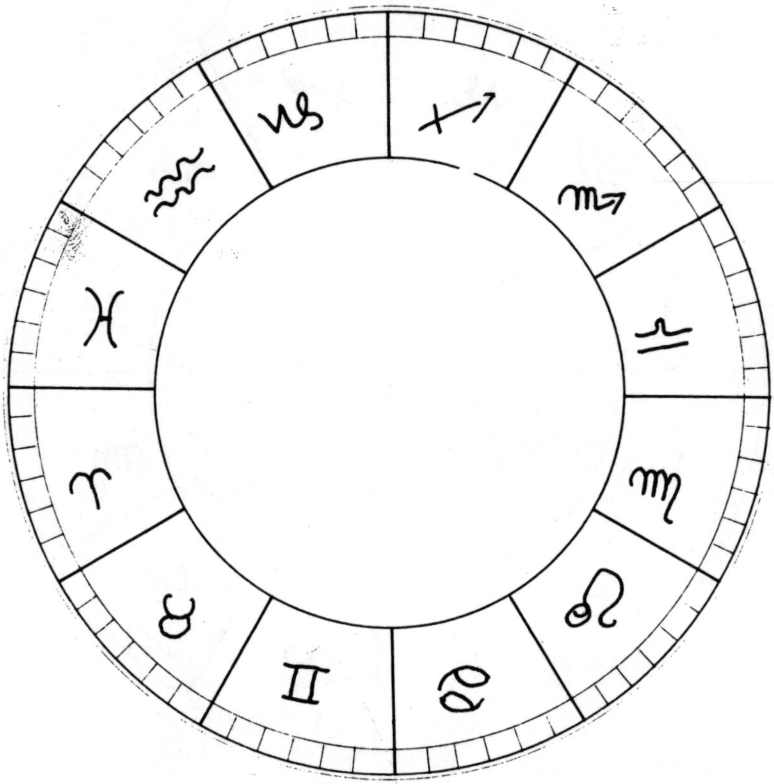

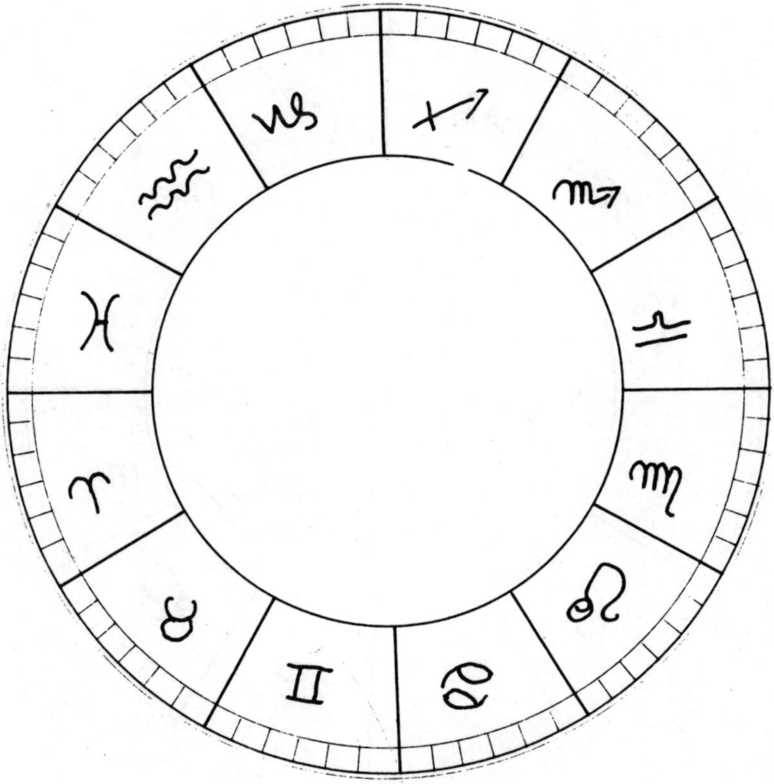

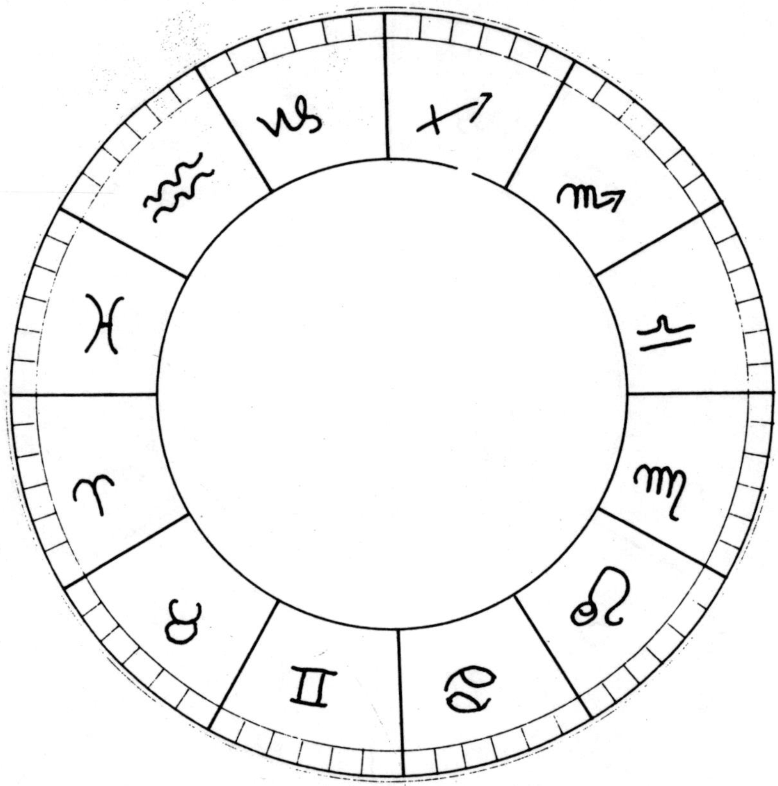

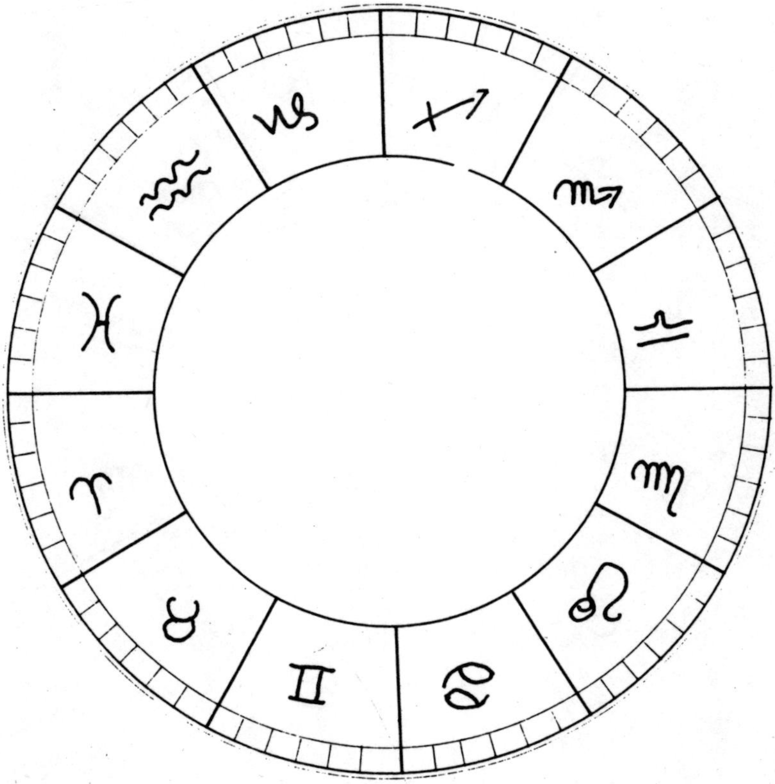

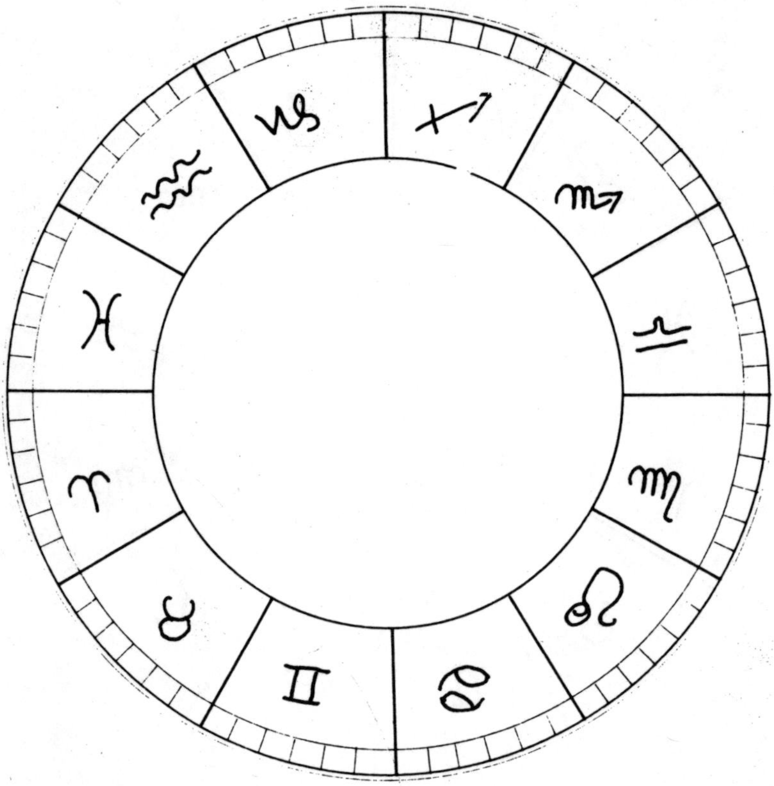

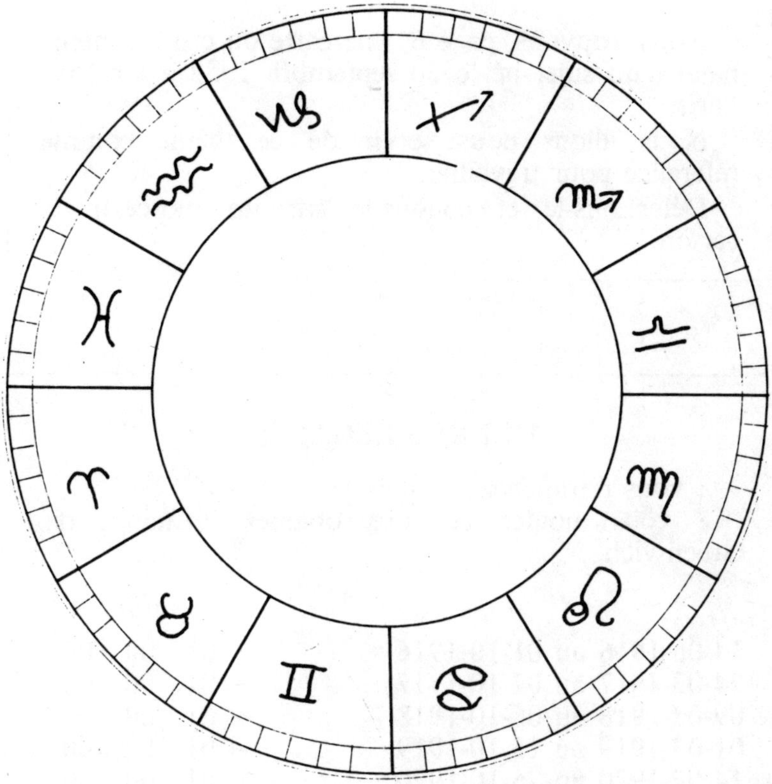

Par la suite, nous vous conseillons d'acheter un tampon reproduisant le zodiaque – vous pourrez vous le procurer dans toutes les librairies spécialisées en astrologie.

Nous trouvons, page 6, une carte du ciel ou thème natal d'un sujet né le 20 septembre 1952 à 8 h 15 à Paris.

Nous allons nous servir de ce thème comme référence pour travailler.

Détachons-le et collons-le sur un morceau de carton.

HEURES LÉGALES

– : vous retranchez ;
+ : vous ajoutez et vous obtenez le temps de Greenwich.

	h	mn	s
14-06-1916 au 01-10-1916	– 01	00	00
24-03-1917 au 07-10-1917	– 01	00	00
09-03-1918 au 06-10-1918	– 01	00	00
01-03-1919 au 15-10-1919	– 01	00	00
14-02-1920 au 25-10-1920	– 01	00	00
14-03-1921 au 25-10-1921	– 01	00	00
25-03-1922 au 07-10-1922	– 01	00	00
26-05-1923 au 06-10-1923	– 01	00	00
29-03-1924 au 04-10-1924	– 01	00	00
04-04-1925 au 03-10-1925	– 01	00	00
17-04-1926 au 02-10-1926	– 01	00	00
09-04-1927 au 01-10-1927	– 01	00	00
14-04-1928 au 06-10-1928	– 01	00	00
20-04-1929 au 05-10-1929	– 01	00	00

12-04-1930 au 04-10-1930	– 01	00	00
18-04-1931 au 03-10-1931	– 01	00	00
16-04-1932 au 01-10-1932	– 01	00	00
26-03-1933 au 08-10-1933	– 01	00	00
07-04-1934 au 06-10-1934	– 01	00	00
30-03-1935 au 05-10-1935	– 01	00	00
18-04-1936 au 03-10-1936	– 01	00	00
03-04-1937 au 02-10-1937	– 01	00	00
26-03-1938 au 01-10-1938	– 01	00	00
15-04-1939 au 18-11-1939	– 01	00	00
24-02-1940 au 15-06-1940	– 01	00	00

Zone occupée

16-06-1940 au 05-10-1941	– 02	00	00

Zone libre

04-05-1941 au 05-10-1941	– 02	00	00

Les 2 zones

06-10-1941 au 08-03-1942	– 01	00	00
08-03-1942 au 02-11-1942	– 02	00	00
02-11-1942 au 29-03-1943	– 01	00	00
29-03-1943 au 04-10-1943	– 02	00	00
04-10-1943 au 03-04-1944	– 01	00	00
03-04-1944 au 07-10-1947	– 02	00	00
07-10-1944 au 02-04-1945	– 01	00	00
02-04-1945 au 16-09-1945	– 02	00	00

Depuis le

16-09-1945 au 28-03-1976	– 01	00	00
du 28-03-1976 (1 h du matin) au 26-09-1976 (1 h du matin)	– 02	00	00
du 26-09-1976 (1 h du matin) au 03-04-1977 (1 h du matin)	– 01	00	00
du 03-04-1977 (2 h du matin) au 25-09-1977 (3 h du matin)	– 02	00	00
depuis le 25-09-1977	– 01	00	00

Longitude et latitude des principales villes de France.

01	Ain	Bourg	46N12	0 h 20 mn 55 s E.
02	Aisne	Laon	49N34	0 h 14 mn 30 s E.
03	Allier	Moulins	46N34	0 h 13 mn 20 s E.
04	Alpes-Haute-Provence	Digne	44N06	0 h 24 mn 54 s E.
05	Hautes-Alpes	Gap	44N33	0 h 24 mn 19 S E.
06	Alpes-Maritimes	Nice	43N42	0 h 29 mn 07 s E.
07	Ardèche	Privas	44N44	0 h 18 mn 23 s E.
08	Ardennes	Mézières	49N48	0 h 18 mn 52 s E.
09	Ariège	Foix	42N58	0 h 08 mn 25 s E.
10	Aube	Troyes	48N18	0 h 16 mn 20 s E.
11	Aude	Carcassonne	43N13	0 h 09 mn 21 s E.
12	Aveyron	Rodez	44N21	0 h 10 mn 18 s E.
13	Bouches-du-Rhône	Marseille	43N18	0 h 21 mn 35 s E.
14	Calvados	Caen	49N11	0 h 01 mn 25 s W.
15	Cantal	Aurillac	44N46	0 h 09 mn 56 s E.
16	Charente	Angoulême	45N39	0 h 00 mn 37 s E.
17	Charente-Maritime	La Rochelle	46N09	0 h 04 mn 36 s W.
18	Cher	Bourges	47N05	0 h 09 mn 36 s E.
19	Corrèze	Tulle	45N16	0 h 07 mn 05 s E.
20	Corse	Ajaccio	41N55	0 h 34 mn 57 s E.
21	Côte-d'Or	Dijon	47N19	0 h 20 mn 20 s E.
22	Côtes-du-Nord	Saint-Brieuc	48N31	0 h 11 mn 21 s W.
23	Creuse	Guéret	46N10	0 h 07 mn 28 s E.
24	Dordogne	Périgueux	45N11	0 h 02 mn 53 s E.
25	Doubs	Besançon	47N15	0 h 23 mn 57 s E.
26	Drôme	Valence	44N56	0 h 19 mn 34 s E.
27	Eure	Evreux	49N01	0 h 04 mn 36 s E.
28	Eure-et-Loir	Chartres	48N27	0 h 05 mn 57 s E.
29	Finistère	Quimper	48N00	0 h 16 mn 25 s W.
30	Gard	Nîmes	43N51	0 h 17 mn 24 s E.
31	Haute-Garonne	Toulouse	43N37	0 h 05 mn 46 s E.
32	Gers	Auch	43N39	0 h 02 mn 21 s E.
33	Gironde	Bordeaux	44N50	0 h 02 mn 50 s W.
34	Hérault	Montpellier	43N37	0 h 15 mn 31 s E.
35	Ille-et-Vilaine	Rennes	48N07	0 h 06 mn 58 s W.
36	Indre	Châteauroux	46N49	0 h 06 mn 47 s E.
37	Indre-et-Loire	Tours	47N24	0 h 02 mn 47 s E.
38	Isère	Grenoble	45N11	0 h 22 mn 55 s E.
39	Jura	Lons-le-Saulnier	46N40	0 h 22 mn 14 s E.
40	Landes	Mont-de-Marsan	43N54	0 h 02 mn 00 s W.
41	Loir-et-Cher	Blois	47N35	0 h 05 mn 21 s E.
42	Loire	Saint-Etienne	45N26	0 h 17 mn 34 s E.
43	Haute-Loire	Le Puy	45N03	0 h 15 mn 33 s E.
44	Loire-Atlantique	Nantes	47N13	0 h 06 mn 12 s W.
45	Loiret	Orléans	47N54	0 h 07 mn 39 s E.
46	Lot	Cahors	44N27	0 h 05 mn 46 s E.
47	Lot-et-Garonne	Agen	44N12	0 h 02 mn 28 s E.
48	Lozère	Mende	44N31	0 h 14 mn 00 s E.
49	Maine-et-Loire	Angers	47N28	0 h 02 mn 13 s W.
50	Manche	Saint-Lô	49N07	0 h 04 mn 23 s W.
51	Marne	Châlons-sur-Marne	48N57	0 h 17 mn 26 s E.

52	Haute-Marne	Chaumont	48N06	0 h 20 mn 34 s E.
53	Mayenne	Laval	48N04	0 h 03 mn 06 s W.
54	Meurthe-et-Moselle	Nancy	48N41	0 h 24 mn 45 s E.
55	Meuse	Bar-le-Duc	48N46	0 h 20 mn 38 s E.
56	Morbihan	Vannes	47N39	0 h 11 mn 02 s W.
57	Moselle	Metz	49N07	0 h 24 mn 42 s E.
58	Nièvre	Nevers	46N59	0 h 12 mn 15 s E.
59	Nord	Lille	50N39	0 h 12 mn 15 s E.
60	Oise	Beauvais	49N26	0 h 08 mn 20 s E.
61	Orne	Alençon	48N26	0 h 00 mn 22 s E.
62	Pas-de-Calais	Arras	50N18	0 h 11 mn 07 s E.
63	Puy-de-Dôme	Clermont-Ferrand	45N47	0 h 12 mn 21 s E.
64	Pyrénées-Atlantiques	Pau	43N18	0 h 01 mn 30 s W.
65	Hautes-Pyrénées	Tarbes	43N14	0 h 00 mn 20 s E.
66	Pyrénées-Orientales	Perpignan	42N42	0 h 11 mn 35 s E.
67	Bas-Rhin	Strasbourg	48N35	0 h 31 mn 05 s E.
68	Haut-Rhin	Colmar	48N05	0 h 29 mn 26 s E.
69	Rhône	Lyon	45N46	0 h 19 mn 16 s E.
70	Haute-Saône	Vesoul	47N37	0 h 24 mn 37 s E.
71	Saône-et-Loire	Mâcon	46N18	0 h 19 mn 21 s E.
72	Sarthe	Le Mans	48N00	0 h 00 mn 48 s E.
73	Savoie	Chambéry	45N34	0 h 23 mn 41 s E.
74	Haute-Savoie	Annecy	45N54	0 h 24 mn 31 s E.
76	Seine-Maritime	Rouen	46N26	0 h 04 mn 33 s E.
77	Seine-et-Marne	Melun	48N32	0 h 10 mn 38 s E.
79	Deux-Sèvres	Niort	46N19	0 h 01 mn 52 s W.
80	Somme	Amiens	49N54	0 h 09 mn 13 s E.
81	Tarn	Albi	43N56	0 h 08 mn 34 s E.
82	Tarn-et-Garonne	Montauban	44N01	0 h 05 mn 25 s E.
83	Var	Draguignan	43N22	0 h 25 mn 52 s E.
84	Vaucluse	Avignon	43N57	0 h 19 mn 14 s E.
85	Vendée	La Roche-sur-Yon	46N10	0 h 05 mn 42 s W
86	Vienne	Poitiers	46N35	0 h 01 mn 22 s E.
87	Haute-Vienne	Limoges	45N50	0 h 05 mn 02 s E.
88	Vosges	Epinal	48N10	0 h 25 mn 47 s E.
89	Yonne	Auxerre	47N48	0 h 14 mn 18 s E.
89	Belfort (Territ. de)	Belfort	47N38	0 h 27 mn 28 s E.

Région parisienne

75	Ville de Paris	Paris	48N50	0 h 09 mn 21 s E.
78	Yvelines	Versailles	48N48	0 h 08 mn 30 s E.
91	Essonne	Evry	48N37	0 h 10 mn 00 s.E.
92	Hauts-de-Seine	Nanterre	48N53	0 h 08 mn 52 s E.
93	Seine-Saint-Denis	Bobigny	48N55	0 h 09 mn 48 s E.
94	Val-de-Marne	Créteil	48N47	0 h 09 mn 40 s E.
95	Val-d'Oise	Pontoise	49N03	0 h 12 mn 20 s E.

Note : Tableaux extraits de « Régimes horaires pour l'Europe et l'Afrique du Nord », de M. Le Corre, aux Editions Traditionnelles.

ÉTUDE DU ZODIAQUE

Apprenons ensemble à faire un thème.

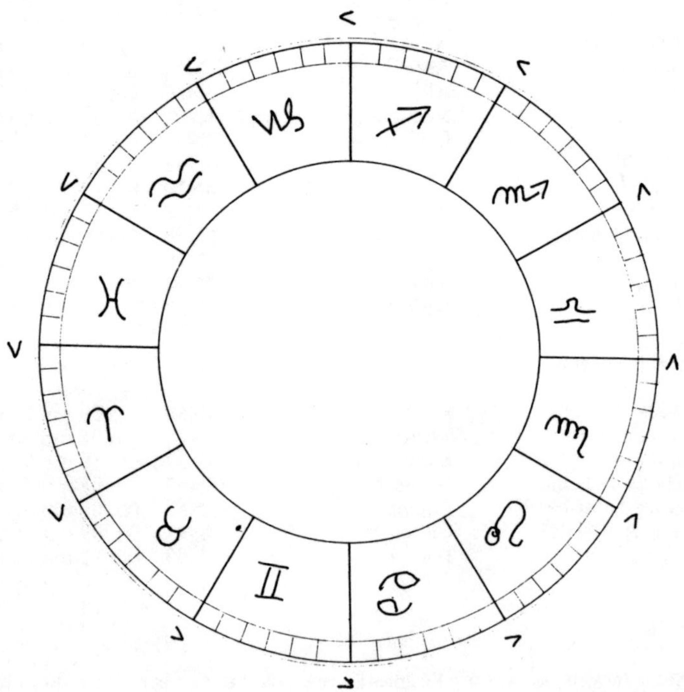

Important : L'ordre naturel du Zodiaque se lit dans le sens contraire à celui des aiguilles d'une montre. La circulation des planètes se fera dans ce sens.

A. – LE ZODIAQUE

Ci-dessous, le dessin que l'on nomme en astrologie : le Zodiaque. Nous constatons qu'il s'agit d'un cercle à l'intérieur duquel se trouvent des petits dessins qui représentent les signes du Zodiaque.

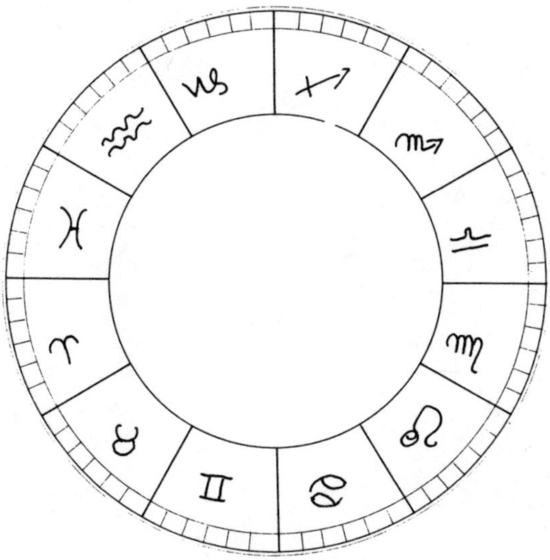

B. – LES SIGNES

Le cercle est divisé en 12 triangles dans lesquels sont inscrits les 12 signes ; on les appelle aussi les 12 maisons. Le cercle faisant 360°, chaque signe représente 30°.

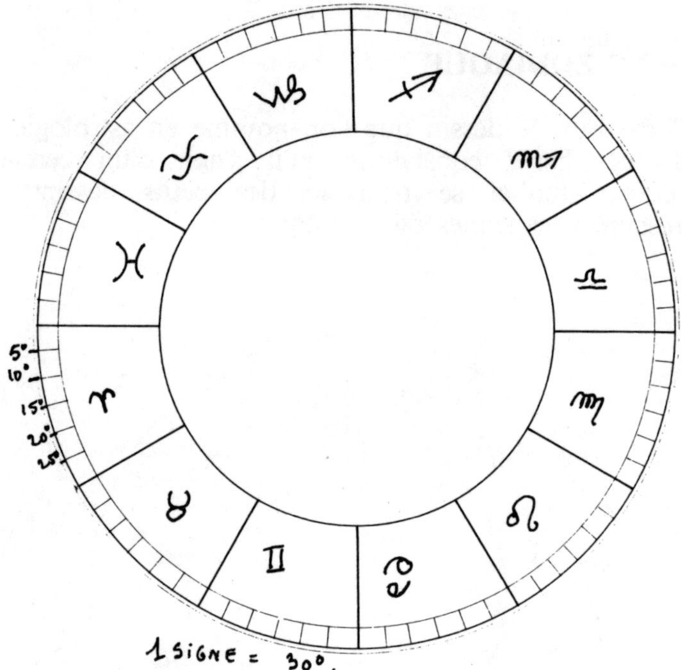
5°
10°
15°
20°
25°
1 SIGNE = 30°.

En face de chaque signe, notons son nom.

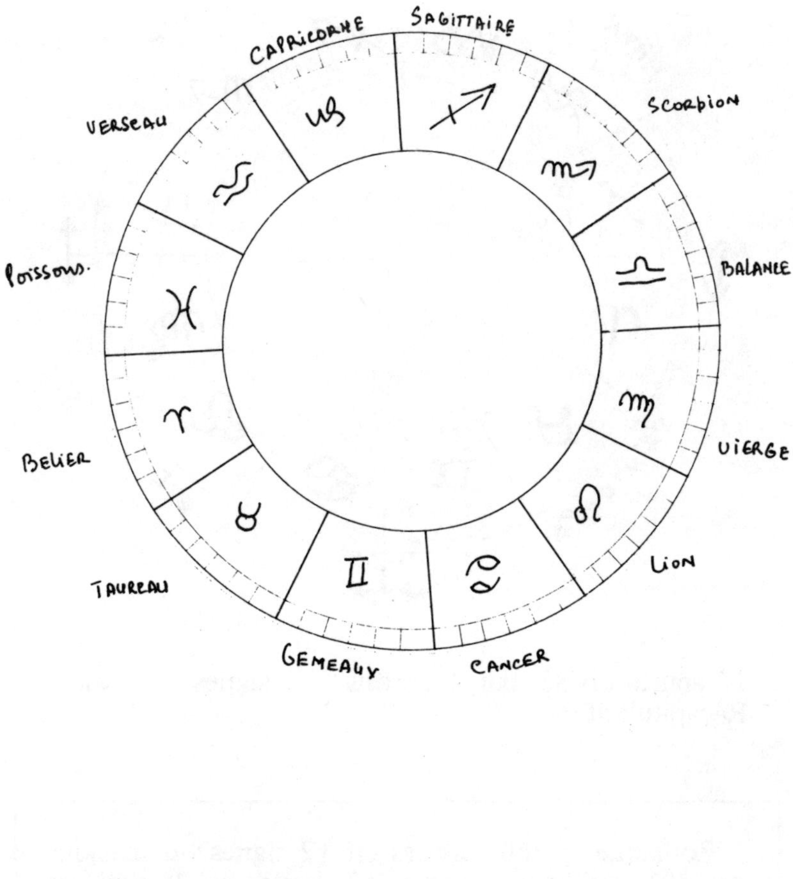

C. – LES SAISONS

Les 12 signes correspondent aux 12 mois de l'année. Dans une année, il y a 4 saisons. Nous vivons au rythme des saisons. Le Zodiaque, lui aussi, correspond aux 4 saisons. Observons le Zodiaque où sont inscrites les quatre saisons.

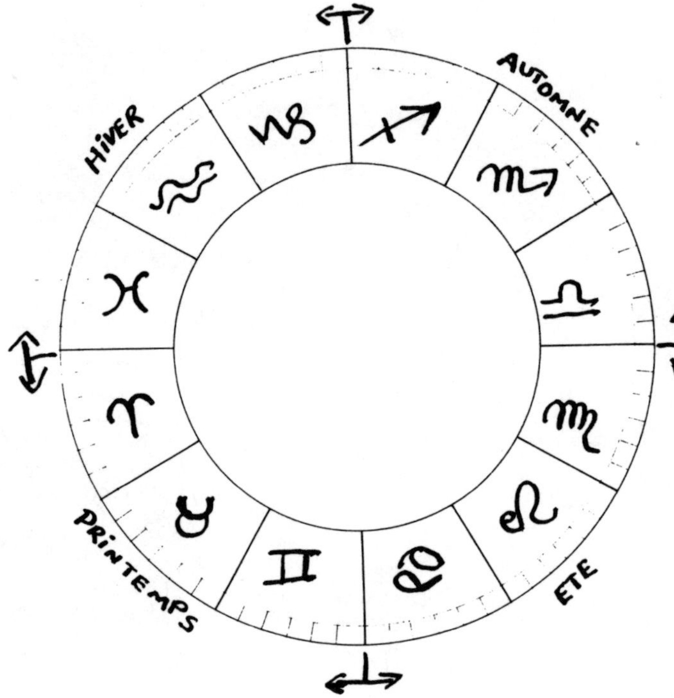

12 signes divisés par 4 saisons = 3 signes = 1 saison.
Récapitulatif :

Zodiaque = 360° divisés en 12 signes ou maisons de 30° qui représentent 12 mois de l'année et 4 saisons.

Observons le Zodiaque ci-contre. On y trouve inscrits les noms des signes et les saisons auxquels ils appartiennent.

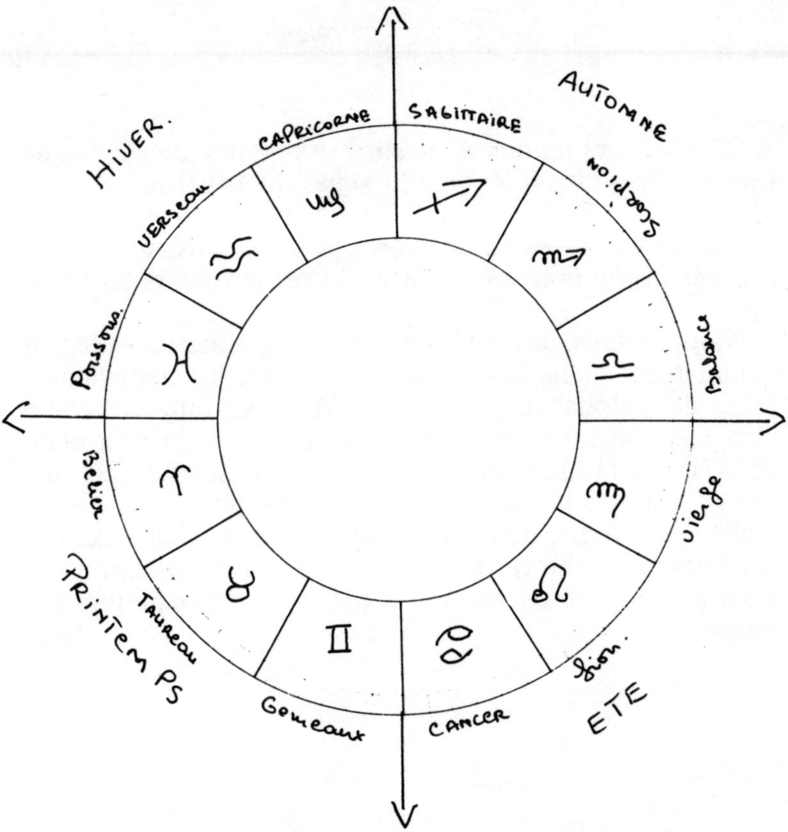

Pour apprendre à faire notre thème ou celui de ses amis, il nous faut au départ apprendre les bases par cœur. C'est *indispensable.* C'est pourquoi, dans ce livre, nous revenons souvent sur des éléments déjà vus.

A savoir par cœur.

Saisons

Printemps	: Bélier	Taureau	Gémeaux
Eté	: Cancer	Lion	Vierge
Automne	: Balance	Scorpion	Sagittaire
Hiver	: Capricorne	Verseau	Poissons

D'abord, apprenons à dessiner les signes du Zodiaque. Lorsque l'on dit : « Je suis du signe du Bélier », cela veut dire que l'on est né entre le 22 mars et le 21 avril. Peut-être visualise-t-on le dessin qui correspond à notre signe, mais maintenant on doit connaître les autres dessins et les autres signes.

Nous devons, grâce à des exercices simples, créer un automatisme dans les rapports mots-dessins semblable à celui de l'alphabet. La lettre « A » est immédiatement visualisée dans ma pensée par le dessin « A ». Le mot Bélier doit être confondu avec son dessin au même titre que l'élève musicien doit connaître le rapport note-clavier. L'élève astrologue doit savoir faire la liaison signes-dessins-dates-correspondances-saisons-maisons, etc. Dessinons au crayon, en face de chaque signe, sa représentation graphique.

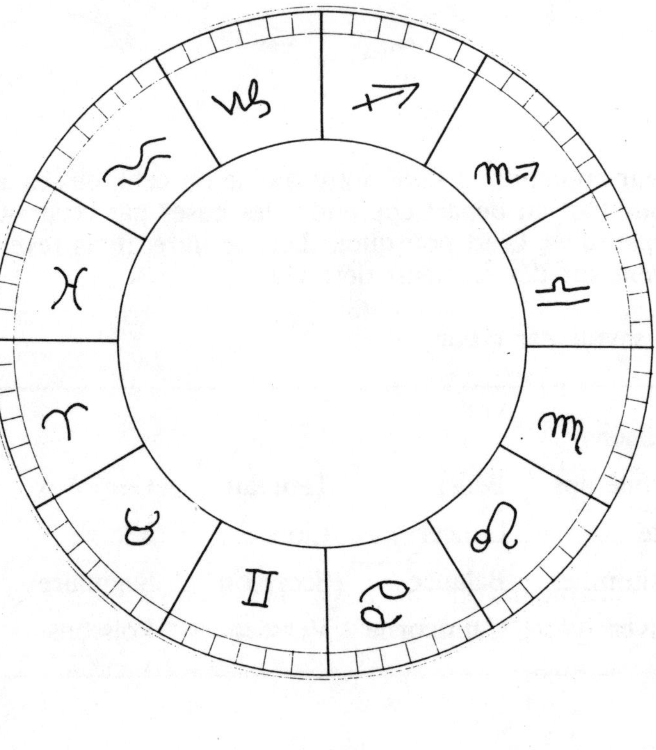

Sur le cercle ci-dessous, dessinons le Zodiaque avec ses 12 secteurs représentant chacun un signe et notons en face le nom des signes et des saisons.

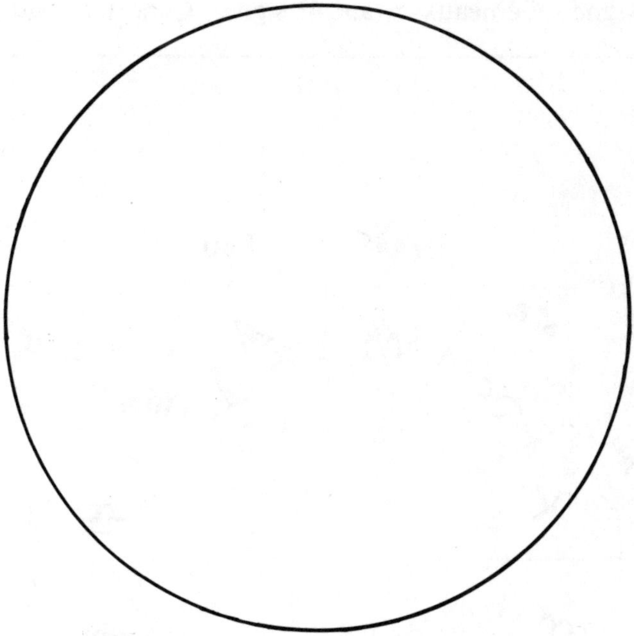

Nous ne devons pas passer à la leçon suivante sans connaître par cœur les signes, les dessins et les saisons.

D. – LES QUATRE ÉLÉMENTS

Le groupement quaternaire est la réunion des quatre éléments naturels. Chaque signe correspond à un élément dans l'ordre.

1er signe : Bélier = feu	2e signe : Taureau = terre
3e signe : Gémeaux = air	4e signe : Cancer = eau

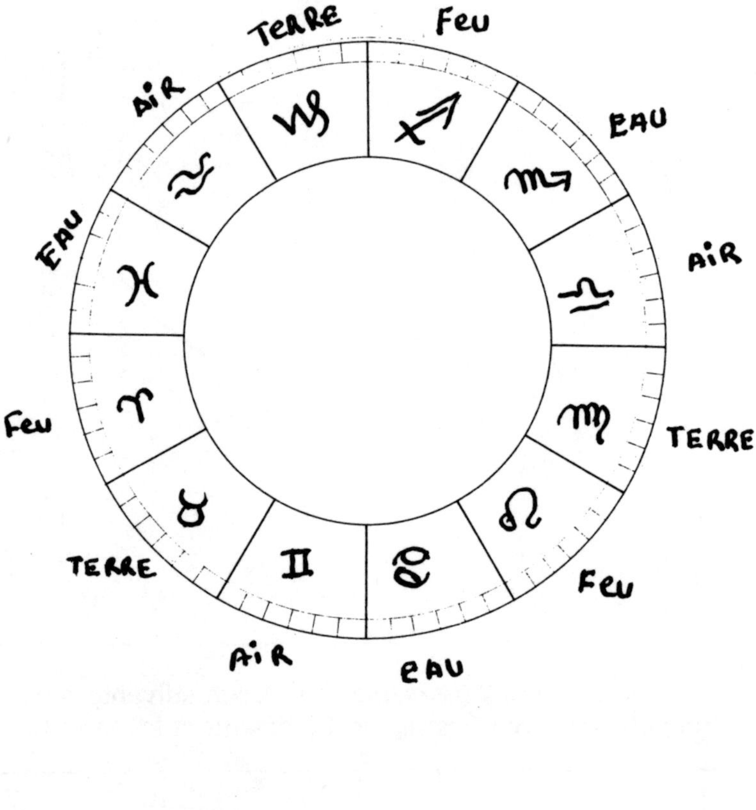

Sur le dessin ci-contre, nous constatons que le premier signe correspond au premier élément, etc.
Complétons le tableau :

Feu	Terre	Air	Eau

Relions sur le zodiaque les 3 signes et les 3 éléments feu ; nous obtenons alors un triangle équilatéral.

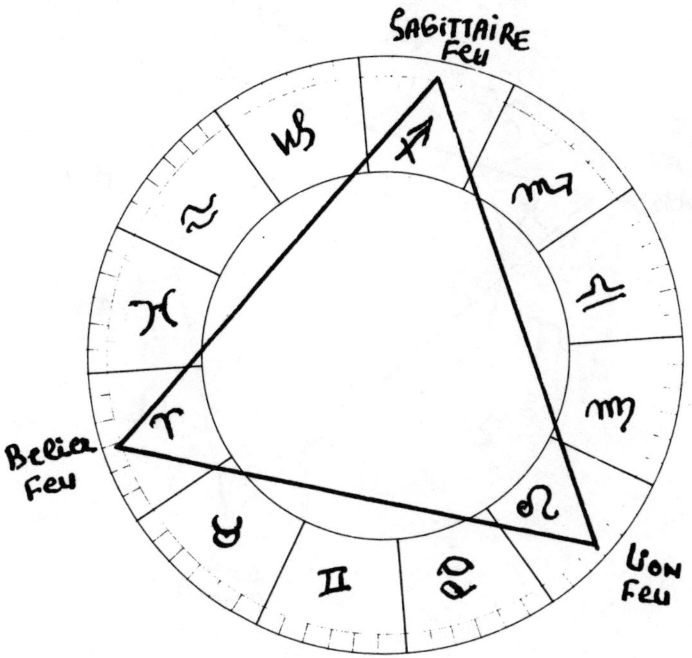

A quoi le feu nous fait-il penser ?

A la chaleur, à la passion, à l'enthousiasme, à la vitalité engagée vers une conquête – matérielle, morale ou spirituelle.

Continuons, laissons le mot feu parler à notre cœur.

Essayons maintenant d'adapter le mot feu à ses signes.

Le feu du Bélier nous fait penser : à l'élan primaire, impulsif, à l'enthousiasme qui se consume vite.

Le feu du Lion nous fait penser : à l'orgueil, au feu intérieur qui est installé, permanent, qui ne veut pas s'éteindre.

Le feu du Sagittaire nous fait penser : au feu follet, au feu divin, au feu qui s'emballe pour une cause.

<u>Relions les 3 signes et les 3 éléments eau</u>.

L'eau nous fait penser : à la fécondité, à la maternité, à la mer, à l'océan, à la marée, au calme intérieur (lacs), au

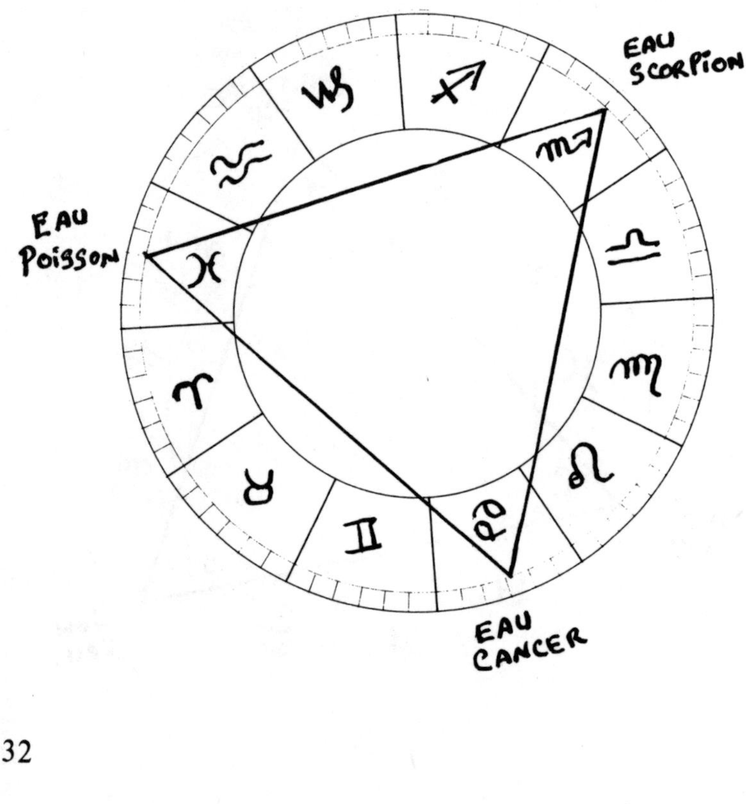

souvenir, au psychisme, à l'inconscient, à l'abandon, au sommeil.

Continuons, laissons les mots parler à notre inconscient.

L'eau du Cancer nous fait penser : à la fécondité, à la mère, au flux et reflux, à une berceuse, au rêve, à l'imagination, à notre inconscient, à la nuit, au fœtus.

L'eau du Scorpion nous fait penser : à l'eau trouble au fond du puits, à l'inconscient collectif, à la puissance instinctive, à l'eau tourmentée.

L'eau des Poissons nous fait penser : à l'être qui se faufile entre deux courants, entre deux rêves.

<u>Relions les 3 signes et les 3 éléments air :</u>

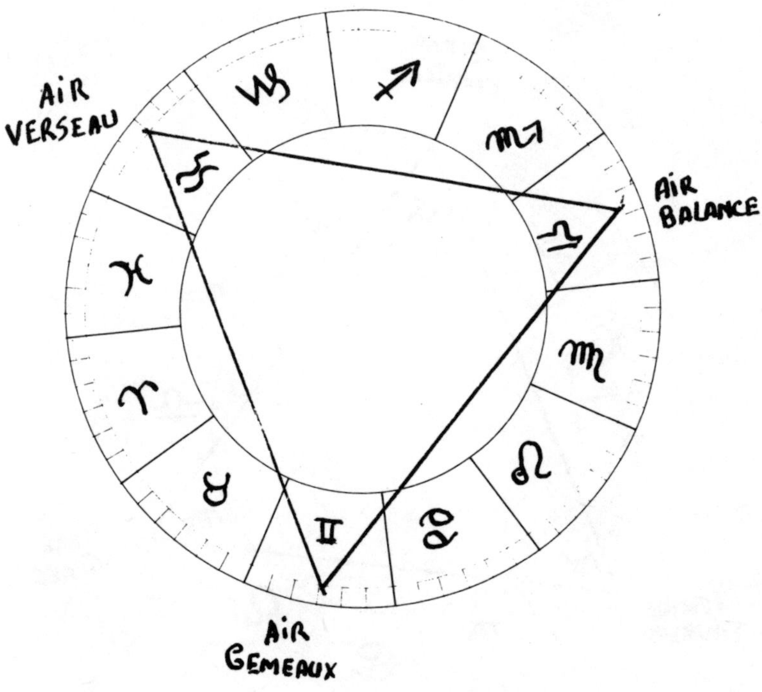

L'air nous fait penser aux échanges, à l'intellect, à la recherche d'images, à la liaison avec les autres, à la fluidité, aux nouvelles que l'on nous apporte, au vent, à l'impalpable, à l'abstrait, à l'esprit.

Continuons, laissons le mot air parler à notre esprit.

L'air des Gémeaux nous fait penser : à la légèreté, l'adolescence, les contacts immédiats, légers, aux pensées, à la curiosité, aux courants d'air, à l'adaptabilité.

L'air de la Balance nous fait penser : à l'air doux, léger, à la recherche d'harmonie, à l'air abstrait, au besoin d'échanges.

L'air du Verseau nous fait penser : à l'air qui lie l'être au monde, l'extension de soi vers l'air collectif, l'ingéniosité, les facultés intellectuelles.

Nous relions les 3 signes et les 3 éléments terre :

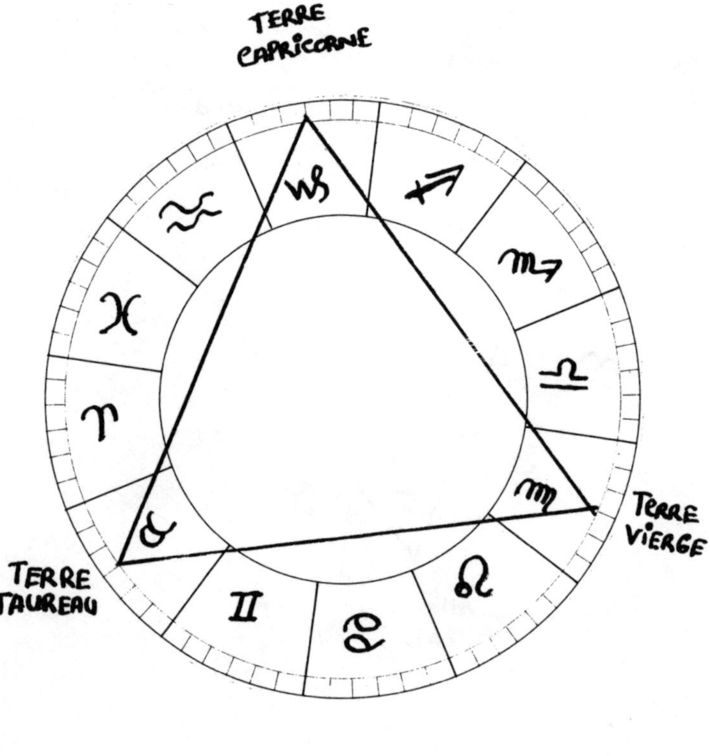

La terre nous fait penser à la densité, l'état solide, le concret et le besoin de certitude. Nous sommes moins instinctifs, nous nous organisons, nous avons besoin de références.

Continuons, laissons le mot terre parler à notre sens pratique.

La terre du Taureau nous fait penser : à la terre solide où le taureau va paître, la terre fertile, la terre mère, la possession, le besoin de posséder.

La terre de la Vierge nous fait penser : au sable mouvant, à la terre abstraite, à la mémoire de cette terre, à son besoin d'analyser, de sélectionner.

La terre du Capricorne nous fait penser : à la montagne, au sommet à atteindre, au roc, à la terre où l'air se raréfie. Elle est froide et dense, rocheuse.

Nous connaissons maintenant les douze signes du Zodiaque.

Lorsque nous pensons au bélier, nous visualisons dans le même temps *élément :* feu, *saison :* le printemps.

Nous devons nous exercer à reconnaître immédiatement à quel élément se rapporte chaque signe et à quelle saison il correspond.

Résumons, retenons :

- Elément feu : Bélier, Lion, Sagittaire = l'élan, l'activité, la chaleur, l'impulsion, le commandement, l'orgueil, la conscience du moi, la conquête, « l'envie d'être le premier ».
- Elément terre : Taureau, Vierge, Capricorne = analyse, a besoin de résultat concret, un peu têtu, possessif, productif, sélectionne et choisit ce qui lui va.
- Elément air : Gémeaux, Balance, Verseau = les échanges, l'intelligence, l'adaptabilité, la critique, l'assimilation, la pensée intellectualisée, influençable.
- Elément eau : Cancer, Scorpion, Poisson = mémoire, inconscient, rêve, influençable, l'instinct, la fécondité, la sensibilité.

Amusons-nous à noter ce que nous avons retenu sur la page suivante.

NOTES PERSONNELLES

E. – DOUZE SIGNES, DOUZE MAISONS

Nous vous rappelons que le premier signe du Zodiaque est le Bélier ; nous l'appellerons aussi la première maison ; 12 signes = 12 maisons.

première maison, premier signe (on nomme aussi la première maison l'ascendant)	
deuxième maison, deuxième signe	PRINTEMPS
troisième maison, troisième signe	
quatrième maison, quatrième signe	
cinquième maison, cinquième signe	ÉTÉ
sixième maison, sixième signe	
septième maison, septième signe	
huitième maison, huitième signe	AUTOMNE
neuvième maison, neuvième signe	
dixième maison, dixième signe (on nomme aussi la dixième maison le milieu du ciel)	
onzième maison, onzième signe	HIVER
douzième maison, douzième signe	

F. – LES CROIX

Les signes du Zodiaque appartiennent au groupe TERNAIRE 3. On appelle aussi ce groupe : les croix.

Leur rôle : faire évoluer l'être humain.

Les croix vont travailler chacune, par leurs différences mais aussi avec une interdépendance, à former l'individu.

Les noms : croix cardinale ;
croix fixe ;
croix mutable.

Devant chaque signe, je vais noter à quelle croix il appartient :

C : cardinal
F : fixe
M : mutable

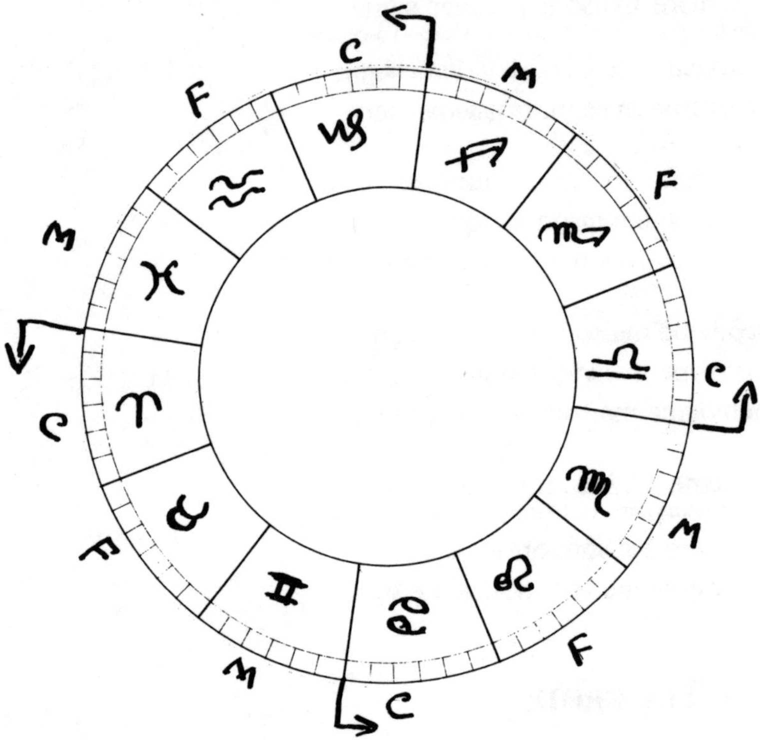

> Nous nous souvenons que le Zodiaque se lit à partir du premier signe, dans le sens contraire aux aiguilles d'une montre.

Nous constatons que le signe opposé au Bélier est le signe de la Balance. Il est cardinal puisqu'il débute aussi une nouvelle saison.

Le Cancer est cardinal ; face à lui, le Capricorne, cardinal lui aussi puisqu'il débute une saison.

Exercice :

Bélier	: cardinal	opposé	Balance	: cardinal
Cancer	: cardinal	opposé	Capricorne	: cardinal
Taureau	: fixe	opposé	Scorpion	: fixe
Lion	: fixe	opposé	Verseau	: fixe
Gémeaux	: mutable	opposé	Sagittaire	: mutable
Vierge	: mutable	opposé	Poissons	: mutable

Cachons le tableau :

Au crayon, notons les correspondances, puis dessinons le signe sans tenir compte de l'ordre réel de celui-ci dans le Zodiaque ; cette petite complication doit créer un automatisme. Lorsque nous pensons Bélier, nous devons écrire : 1er signe ; 1re maison ; élément : feu ; croix : cardinale ; saison : printemps.

Continuons :

1er signe : Bélier, 1re maison ou ascendant, élément feu, croix cardinale, printemps.
2e signe :
3e signe :
4e signe :
5e signe :
6e signe :
7e signe :
8e signe :
9e signe :
10e signe :
11e signe :
12e signe :

Si nous relions les signes qui appartiennent à la première croix, la croix cardinale, nous allons former un carré.

Croix cardinale

Elle correspond aux signes	Bélier	Cancer	Balance	Capricorne
Elle correspond aux maisons	Ire *Ascendant*	IVe	VIe	Xe *Milieu du ciel*

La croix cardinale signifie :

Croissance	Formation	Evolution

Elle démarre les saisons et prend son départ dans le signe du Bélier. C'est une croix qui marque le début, l'élan, l'activité, l'énergie, le désir d'atteindre le sommet. Tous ces signes qui apparaissent aux quatre coins de la croix cardinale correspondent au début à l'élan, au pouvoir.

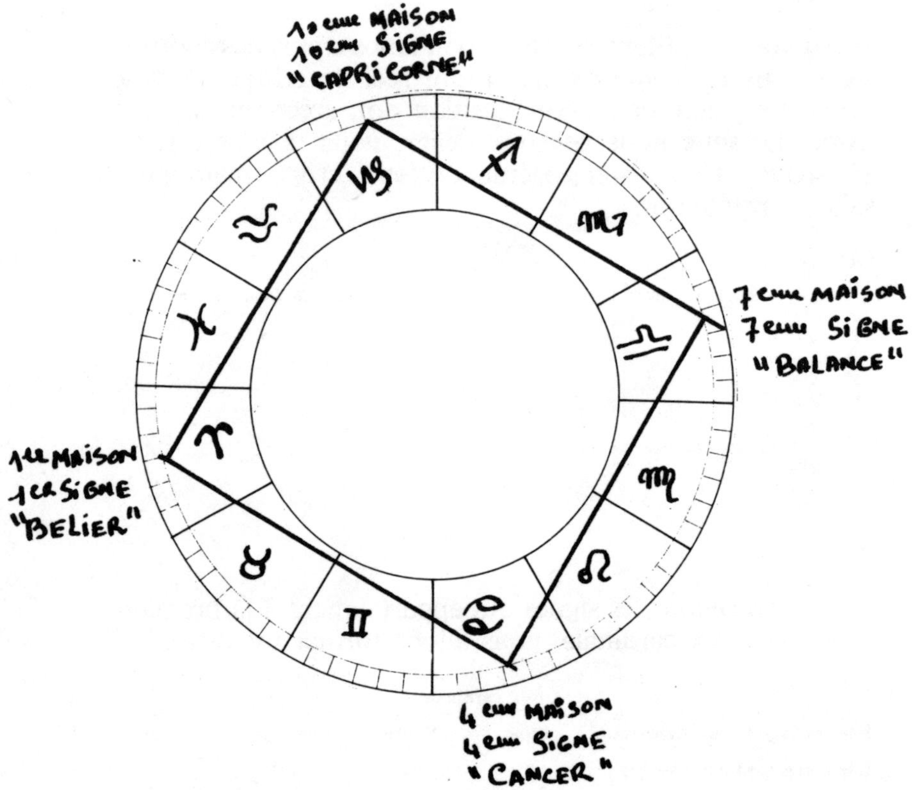

Croix fixe

Elle correspond aux signes	Taureau	Lion	Scorpion	Verseau
Elle correspond aux maisons	IIe	Ve	VIIIe	XIe

La croix fixe signifie :

Possession	Stabilité	Matérialité	Obstination

Les signes correspondent au milieu de la saison, là où la saison est bien installée, on ne veut pas changer, on veut se réaliser concrètement, on recherche la stabilité dans l'action, on déteste les changements.

La croix fixe, c'est la croix qui nous oblige à fixer les acquis.

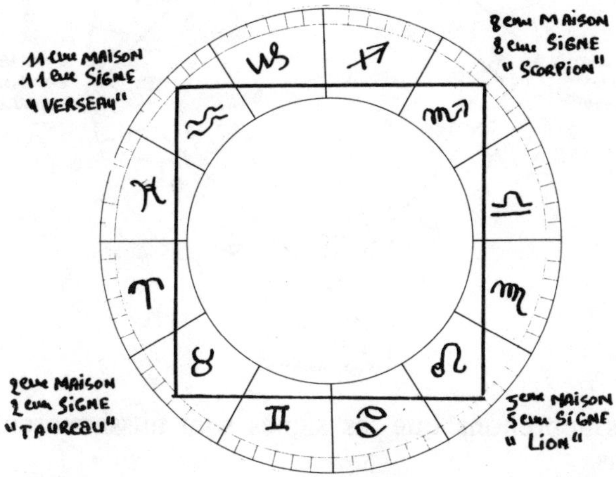

Croix mutable

Elle correspond aux signes	Gémeaux	Vierge	Sagittaire	Poissons
Elle correspond aux maisons	IIIe	VIe	IXe	XIIe

Elle signifie le besoin d'analyser, de faire les comptes. Elle donne les facultés intellectuelles qui vont aider la mutation, l'adaptation à une nouvelle saison.

Indécision devant ce changement.

On doit, dans ces signes qui correspondent à la fin de la

saison, comprendre et concrétiser nos idées en vue de notre évolution.

Changement	Mouvement	Mutation

Avec quel acquis va-t-on aborder l'autre saison ?

La croix mutable, c'est la croix qui va nous permettre de *répartir le pouvoir*.

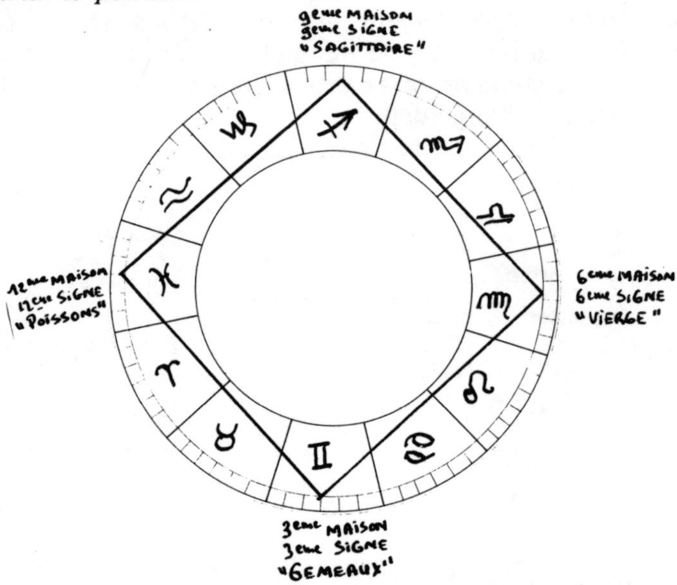

Nous apprenons que les signes sont aussi masculins et féminins.

Masculin : l'homme, la semence, la vie, l'activité. Il va de l'avant. Il donne.

Féminin : la femme reçoit la semence, elle est le moule qui va donner la vie. Elle est passive. Elle reçoit.

Les signes d'AIR et de FEU sont MASCULINS.

Ce sont : Bélier, Gémeaux, Lion, Balance, Sagittaire, Verseau.

Les signes de TERRE et d'EAU sont FÉMININS

Ce sont : Taureau, Cancer, Vierge, Scorpion, Capricorne, Poissons.

C'est très facile à retenir. On commence par le premier signe du Zodiaque : le Bélier (masculin) ; ensuite par le Taureau (féminin), et on continue : masculin, féminin...

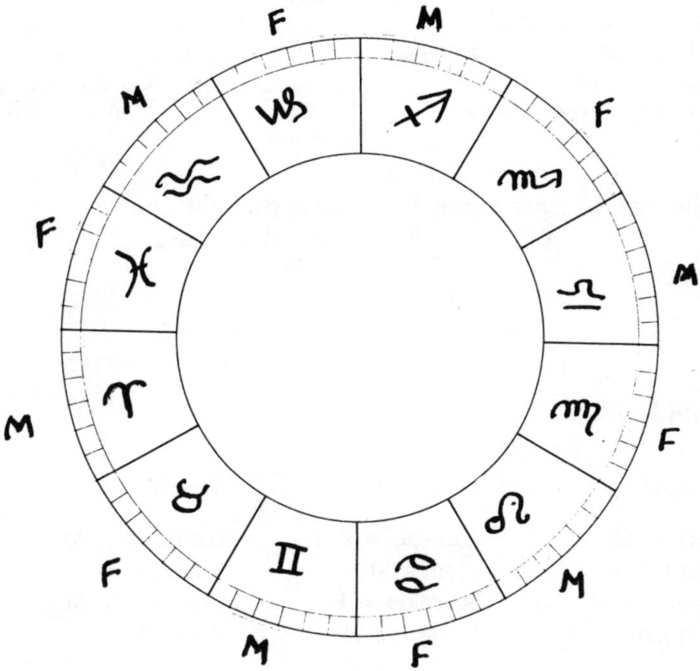

Devant chaque signe, notons :

F : féminin
M : masculin

RESUMONS :

Début des saisons :	croix cardinale				
Nouvelle phase	signe :	Bélier	Cancer	Balance	Capricorne
	maisons :	I	IV	VII	X
		Ascendant			Milieu du ciel

= *naissance du pouvoir*

Milieu de la saison :	croix fixe				
Stabilise les acquis	signes :	Taureau	Lion	Scorpion	Verseau
de la croix cardinale	maisons :	II	V	VIII	XI

= *fixe le pouvoir*

Fin de la saison :	croix mutable				
On analyse et on se	signes :	Gémeaux	Vierge	Sagittaire	Poissons
prépare à la mutation	maisons :	III	VI	IX	XII

= *répartit le pouvoir*

Devant chaque signe F = veut dire féminin
M = veut dire masculin

APPRENONS :

Cardinal	**Fixe**	**Mutable**
Bélier = M	Taureau = F	Gémeaux = M
Cancer = F	Lion = M	Vierge = F
Balance = M	Scorpion = F	Sagittaire = M
Capricorne = F	Verseau = M	Poissons = F

Avant de continuer, jouons à créer un automatisme :

Découpons les rectangles en ayant collé cette feuille sur un morceau de carton. Ensuite, mélangeons et remettons ensemble les signes, les éléments, les saisons, les croix, etc. Ne continuons pas à étudier tant que nous ne saurons pas ce jeu par cœur.

MASCULIN	BÉLIER	PRINTEMPS	FEU	CARDINAL
FÉMININ	TAUREAU	PRINTEMPS	TERRE	FIXE
MASCULIN	GÉMEAUX	PRINTEMPS	AIR	MUTABLE
FÉMININ	CANCER	ÉTÉ	EAU	CARDINAL
MASCULIN	LION	ÉTÉ	FEU	FIXE
FÉMININ	VIERGE	ÉTÉ	TERRE	MUTABLE
MASCULIN	BALANCE	AUTOMNE	AIR	CARDINAL
FÉMININ	SCORPION	AUTOMNE	EAU	FIXE
MASCULIN	SAGITTAIRE	AUTOMNE	FEU	MUTABLE
FÉMININ	CAPRICORNE	HIVER	TERRE	CARDINAL
MASCULIN	VERSEAU	HIVER	AIR	FIXE
FÉMININ	POISSONS	HIVER	EAU	MUTABLE

SYMBOLISME DES SIGNES

SYMBOLISME DU SIGNE DU BÉLIER (22 mars-21 avril)

Signe : masculin.
1er signe du Zodiaque.
1re maison.
= JE SUIS.
Elément : feu.
Croix : cardinale.
Saison : débute le printemps.
Planète en domicile : MARS.
Planète en exaltation : SOLEIL.
Physique : fonctions vitales dans le domaine de la tête.

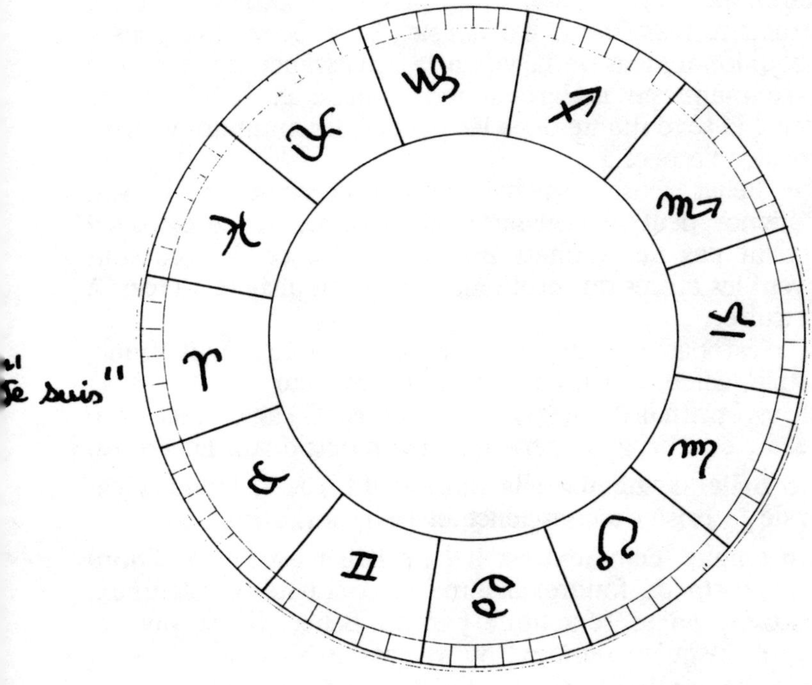

IMPORTANT : Mars est le maître de ce signe, il est donc dans son domicile.

Les natifs(ves) de ce signe présentent les caractéristiques suivantes :

Ils sont impulsifs, réagissent à l'immédiat et souvent s'emballent.

La planète Mars, maîtresse du Bélier, lui apporte le dynamisme, l'énergie et l'agressivité qui peuvent se manifester chez lui de deux manières : constructive (esprit d'entreprise, rapidité dans les prises de décisions, etc.), destructrice (bagarreur, extrémiste...). Le Bélier fait penser au bouillonnement de la vie, à la renaissance de la nature qui se manifeste malgré la terre durcie et refroidie par l'hiver ; la sève monte dans les plantes, les animaux veulent perpétuer l'espèce...

Le Bélier existe, se bat pour une cause, mais son impatience peut le pousser à abandonner ses projets s'il n'obtient pas de résultats immédiats. De ce fait, ce sont souvent les autres qui profitent de son impulsivité à créer, à construire.

Il n'est pas patient, n'arrive pas à obéir, mais franc, sociable, carré, il a les qualités d'un meneur.

Il est primaire dans ses réactions, il agit sans trop réfléchir et affirme sa personnalité en entraînant les autres.

Le Bélier symbolise : la pulsion du « Je », l'intensification de la prise de conscience et l'extériorisation.

En amour, comment est-il ? Le Bélier est l'inconditionnel du coup de foudre, il aime la conquête. Chaleureux, passionné, on se sent aimé par un Bélier. Il est sincère, exagéré, jusqu'au moment où sa passion s'éteint.

Pour le séduire : laissez-vous conquérir, sans être soumis et surtout faites tout pour qu'il ne s'ennuie pas.

LE BÉLIER

Planète	Mars
Métaux	Fer, acier
Couleurs	Vermillon, safran, tous les rouges
Pierres	Rubis, améthiste
Parfum	Myrthe
Fleur	Réséda
Anatomie	Tête
Infusions	Armoise, romarin, thym
Qualités	Courage, franchise
Défauts	Impulsivité, colère
Points forts	Rapidité, force
Jour	Mardi
Maison	Un
Pays-régions	Allemagne, Pologne, Japon, Angleterre, Pérou, Danemark

SYMBOLISME DU SIGNE DU TAUREAU (22 avril-22 mai)

Signe : féminin.
2e signe du Zodiaque.
2e maison.
= J'AI.
Elément : terre.
Croix : fixe.
Saison : le printemps (« mi-saison »).
Planète en domicile : VÉNUS.
Planète en exaltation : LUNE.
Physique : fonctions vitales dans le domaine du cou et de ses organes.

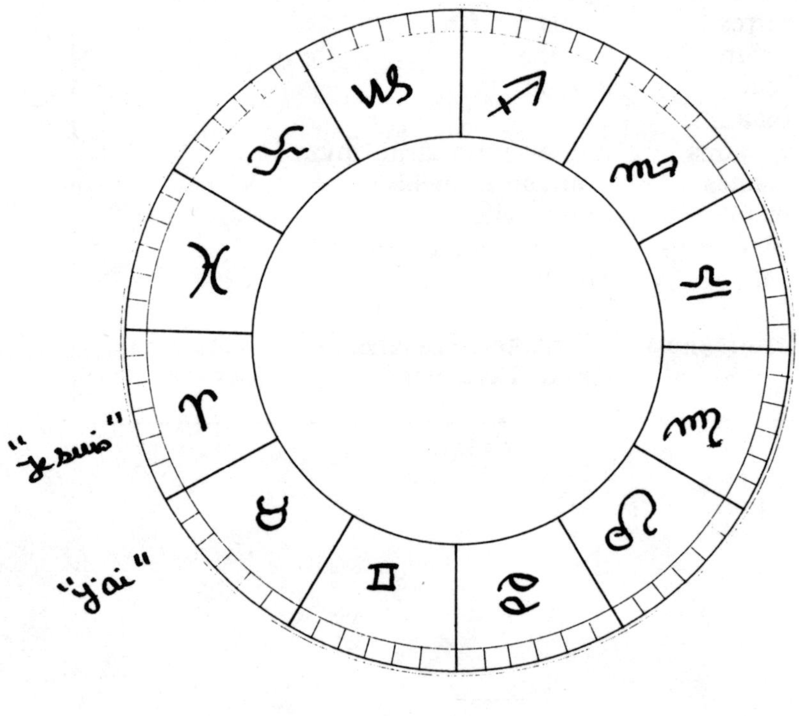

IMPORTANT : Vénus est maîtresse du signe, elle est donc dans son domicile.

Les natifs(ves), nés entre le 22 avril et le 22 mai, présentent les caractéristiques suivantes :

Le signe du Taureau va matérialiser les pulsions créatrices qui ont pris naissance dans le signe du Bélier. Le mois de mai correspond au mois de la terre mère (Maya). Le Taureau correspond au processus de croissance. C'est le moment où la nature apparaît. Le Taureau a un sens profond de l'avoir ; matérialiste, il est représenté par la croix fixe qui laisse supposer un déterminisme et une patience qui aboutit à l'obtention de ce dont il a besoin. Très sensible, mais pas faible. Il est résistant, volontaire, entêté et poursuit le but qu'il s'est fixé. Il peut avoir des colères inoubliables. De robuste constitution, le Taureau aime la vie avec sensualité : la bonne chère, le plaisir qu'elle offre. Le confort.

Il aime l'art, les formes, c'est un visuel. Il a bien entendu besoin de la nature, de la terre, de références matérielles. Il réfléchit, sa psychologie est secondaire, il avale et assimile lentement, mais n'oublie rien, sa mémoire est excellente, il est rancunier.

La position de Vénus nous renseignera sur la façon dont le natif(ve) vivra sa condition solaire.

Le Taureau symbolise : la prise de conscience de l'individu vis-à-vis de son besoin de concrétiser, de posséder.

En amour, comment est-il ? Il aime l'amour, c'est un physique et un sensuel. L'amour est très important dans sa vie. Il est possessif et jaloux. Il adore les enfants ; quand il se décide à construire un foyer, il le crée solide. Il choisit son partenaire avec beaucoup de vigilance, sans se presser.

Pour le séduire : donnez-lui un intérieur chaleureux, du calme, de l'amour, entourez-le de beaux objets solides. Soyez fou (folle) et rassurant(e) à la fois.

LE TAUREAU

Planète	Vénus
Métal	Cuivre
Couleurs	Tous les verts, rose indien
Pierres	Emeraude, aigue marine
Parfum	Musc
Fleurs	Rose, pivoine
Anatomie	Gorge, cou
Infusions	Oseille, camomille, sauge
Qualité	Patience
Défauts	Paresse, entêtement
Point fort	Endurance
Jour	Vendredi
Maison	Deux
Pays-régions	Turquie, Irlande, Chili, Chypre, Asie Mineure

SYMBOLISME DU SIGNE DES GÉMEAUX (23 mai-22 juin)

Signe : masculin.
3e signe du Zodiaque.
3e maison.
= JE PENSE.
Elément : air.
Croix : mutable.
Saison : fin du printemps.
Planète en domicile : MERCURE.
Planète en exaltation : AUCUNE PLANÈTE.
Physique : fonctions vitales dans le domaine de l'appareil respiratoire, les bras et le système nerveux.

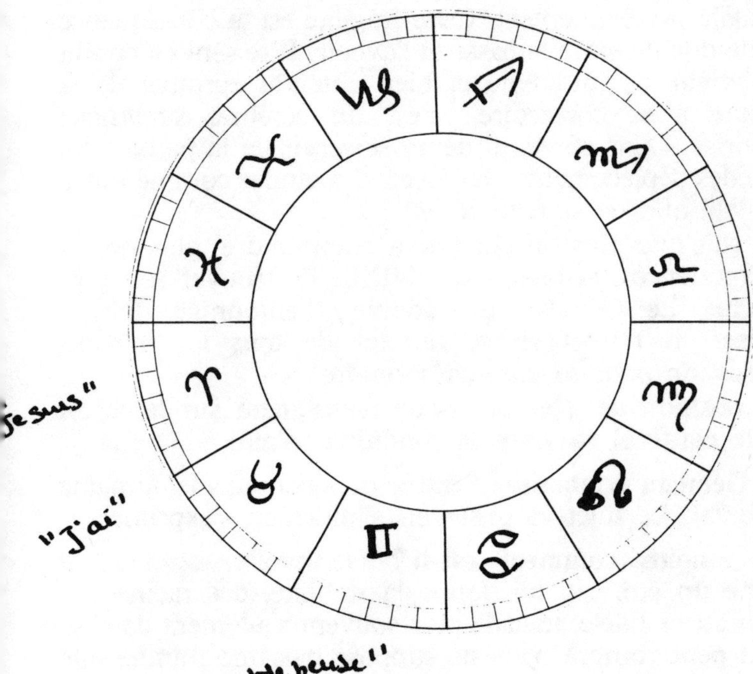

> *IMPORTANT :* Mercure est maître du signe, il est donc dans son domicile.

Les natifs(ves) de ce signe présentent les caractéristiques suivantes :

Dans le signe des Gémeaux, le sujet prend conscience de ce qui l'entoure, il est curieux et a besoin de relations avec les autres. C'est un signe de transition (mutable), d'où dualité. Il est tiraillé entre le désir de rester au stade précédent et celui d'évoluer ; pour faire ce choix, il va devoir se servir de son intelligence, il va devoir penser. Le Gémeau est instable, nerveux, il a besoin des autres et s'intéresse à mille choses à la fois. Il éprouve une difficulté à se fixer ; on dit de lui que c'est un éternel adolescent, qu'il est fragile psychiquement. Cette fragilité est la conséquence de cette dualité entre le passé et l'avenir. Il se sent en conflit à l'intérieur de lui-même et bien entendu éprouve de la difficulté à se construire ; c'est un cérébral superficiel extériorisé. Dans sa vie, il devra se servir de la parole, des écrits, des déplacements, des idées, des études comme outils de travail afin de se réaliser.

On sait que plus on cherche à comprendre, plus on vit des expériences, et plus il est difficile de trouver son port d'attache. Le Gémeau est double ; l'entourage doit le sécuriser. Il réussit en se servant de tous les moyens d'expression pour se faire comprendre.

La position de Mercure nous renseignera sur la façon dont le natif(ve) va vivre sa condition solaire.

Le Gémeau symbolise : l'entrée du sujet dans le domaine du mental. Le sujet va observer, s'informer, s'exprimer.

En amour, comment est-il ? Désinvolte, cérébral, il cherche un être qui lui donne la stabilité, des racines ; il n'est pas très fidèle, mais le plus souvent seulement dans sa tête. Il peut rompre mais ne suppose pas une minute que l'on puisse le prendre au mot. Il pense qu'il a le pouvoir de récupérer le partenaire en jouant de sa séduction.

Pour le séduire : le rassurer et ne pas l'étouffer ; il a peur des demandes affectives mais les recherche, c'est sa dualité.

LES GÉMEAUX

Planète	Mercure
Métal	Mercure
Couleurs	Multicolore, chinée, mosaïques, couleurs changeantes.
Pierres	Opale, béryl, jaspe, turquoise
Parfums	Citron vert, lilas
Fleur	Muguet
Anatomie	Poumons, système respiratoire
Infusions	Clous de girofle, romarin, verveine
Qualité	Assimilation
Défauts	Dispersion, paradoxe
Point fort	Souplesse
Jour	Mercredi
Maison	Trois
Pays-régions	Amérique du Nord, Sardaigne, Belgique, Pays de Galles.

SYMBOLISME DU SIGNE DU CANCER (23 juin-21 juillet)

Signe : féminin.
4e signe du Zodiaque.
4e maison.
= JE SENS
Elément : eau.
Croix : cardinale.
Saison : début de l'été.
Planète en domicile : LUNE.
Planète en exaltation : JUPITER.
Physique : matrice, plèvre, estomac, peau, plexus solaire.

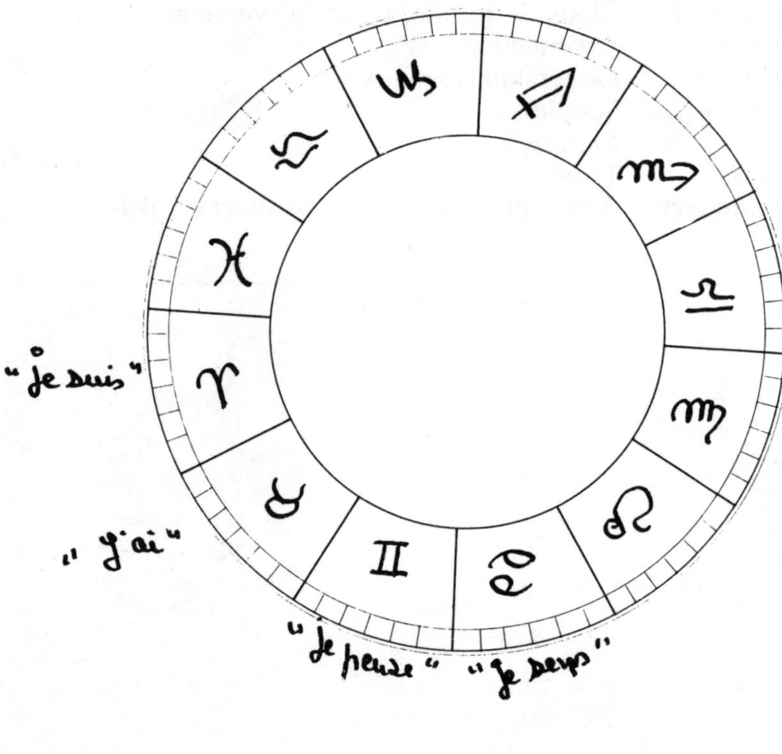

> *IMPORTANT :* La lune est maîtresse du signe, elle est donc dans son domicile.

Les natifs(ves) de ce signe présentent les caractéristiques suivantes :

Le signe du Cancer est le premier signe de l'été ; il symbolise l'engendrement, la gestation, le complexe maternel, l'enfance. L'instinct familial y est très développé. Le Cancer est sensible, rêveur, car son maître, la Lune, symbolise le psychisme, l'imagination, l'inconscient. Le Cancer est un tendre, il a le sens du patrimoine et un besoin de références au passé. Comme il est influençable, il devient malheureux dans une ambiance qui ne lui va pas. Il symbolise la mère, l'épouse, la femme, la foule. C'est un signe cardinal, il est tenace et se cache derrière une carapace afin de mettre sa sensibilité à l'abri des agressions. Il a des changements d'humeur et on peut s'étonner de le voir chaque jour différent de la veille. Il a tendance à se raconter des histoires, car il a une mémoire étonnante ; il parle, raconte et s'arrange avec la vérité. Ce petit fond de mythomanie lui vient de son imagination féconde.

Afin de ne pas être attaqué, il se construit une carapace, il développe un sens pratique et efficace, il est actif, et souvent attaque les autres de peur qu'on ne l'attaque.

Il a besoin de solitude afin de se régénérer. Surtout, n'oubliez pas son attachement à la famille et au foyer. L'influence familiale sera déterminante dans ses relations futures avec les autres. Les natifs(ves) du Cancer peuvent aussi se révolter contre cette sacrée famille ; la mère, la féminité, l'hérédité peut lui paraître lourde à porter, il peut la ressentir comme une contrainte, une prison ; alors il décide de fuir et de vivre en marginal. Il quitte sa maison avec son sac à dos, sans intention de se fixer.

La position de la Lune nous renseigne sur la façon dont le natif(ve) vit sa condition solaire.

Le Cancer symbolise : l'engendrement de l'être, sa gestation physique. La mère, la patrie, la foule, le passé, la femme, le patrimoine.

En amour, comment est-il ? Toujours à la recherche du père (pour la femme), de la mère (pour l'homme), il a besoin d'être protégé ; l'homme est proche de la femme, il sent ses besoins, ses désirs. Si l'homme Cancer n'a pas rompu sa relation avec sa mère, il peut choisir l'homosexualité ; si l'image du père a été trop forte pour la femme, elle recherche des partenaires plus âgés et joue le rôle de la femme enfant. Compte tenu de l'influence parentale, l'habitation ou la cohabitation avec la famille ou la belle-famille doit être évitée.

Pour le séduire : le rassurer, lui donner un nid. Dites-lui votre besoin de tendresse, éveillez son côté maternel ou paternel et acceptez qu'il joue le rôle de père et de mère en étant à la fois l'enfant.

LE CANCER

Planète	Lune
Métal	Argent
Couleurs	Blanc, argent, gris perle
Pierres	Pierre de Lune, opale, perle fine
Parfum	Eau de fleur d'oranger
Fleur	Pavot
Anatomie	Estomac, système lymphatique
Infusions	Sauge, romarin
Qualité	Sensibilité
Défauts	Force d'inertie, capricieux
Point fort	Assimilation
Jour	Lundi
Maison	Quatre
Pays-régions	Afrique, Hollande, Ecosse, Ile Maurice, Paraguay

SYMBOLISME DU SIGNE DU LION (24 juillet-23 août)

Signe : masculin
4e signe du Zodiaque.
4e maison.
= J'AIME.
Elément : feu.
Croix : fixe.
Saison : milieu de l'été.
Planète en domicile : SOLEIL.
Physique : le cœur.

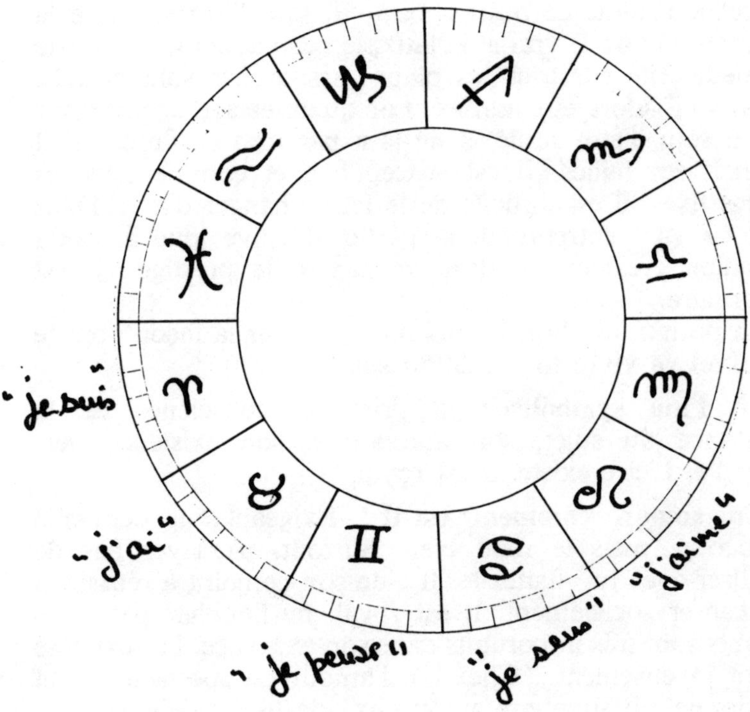

IMPORTANT : Le Soleil est maître de ce signe, il est donc dans son domicile.

Le natif(ve) du Lion est né(e) au moment où la chaleur est à son apogée, c'est le plus éclatant soleil de l'année. L'être va, dans ce signe, affirmer son individualité ; il coupe le cordon ombilical, il a besoin d'amour, de sentiments. Les enfants sont la conséquence de ce besoin d'aimer. Le sujet rayonne, il existe. Le natif(ve) peut avoir un « sur moi » très fort, être tyrannique, orgueilleux ; il est toujours au service d'une passion, il aime briller, être le premier. Il fait en sorte que sa vie matérielle ne lui pose pas de problèmes parce qu'il aime ce qui est beau. Il sait d'instinct faire la différence entre le vrai et le faux, le beau et le toc. Il déteste la médiocrité sur tous les plans ; ses projets sont grands, royaux ; il adore être admiré. Lorsqu'on essaye de jouer sur son besoin d'être adulé, il ne faut pas trop en faire, car il connaît ses failles. Il est susceptible, et comme tous les signes fixes, il est difficile de le faire changer d'avis. Dans tout ce qu'il entreprend, la partie affective joue à fond ; mondain créateur, il aime le succès, le prestige ; il est autoritaire.

La position du Soleil nous renseigne sur la façon dont le natif(ve) va vivre sa condition solaire.

Le Lion symbolise : la prise de conscience de la puissance du sujet, son autonomie, son existence personnelle. L'être existe, il est royal.

En amour, comment est-il ? Exigeant ; il demande beaucoup, mais le rend bien. Surtout, n'essayez pas de rivaliser avec lui, flattez-le. Il aide son conjoint à réussir, à se réaliser socialement. Il est royal, ne l'oubliez pas ! Les enfants sont très importants dans son existence. La sexualité se vit joyeusement... Chez lui, l'amour est spectaculaire et passionnel ; il aime être amoureux, idéaliste, fidèle, jaloux ; il est loyal et a le sens de l'honneur ; il se bat pour ceux qu'il aime ; il peut faire de grands sacrifices, mais ne lui en demandez pas dans la vie quotidienne, pour les petites choses. Il a besoin d'un amour total et mythique.

Pour le séduire : ne trahissez pas sa confiance, son sens de l'honneur, sa loyauté ; ne soyez pas infidèle, il ne vous le pardonnerait jamais. Traitez-le royalement, soyez élégant, fascinant, brillez, il sera fier de vous et vous le rendra bien.

LE LION

Planète	Soleil
Métal	Or
Couleurs	Jaune d'or, orange
Pierres	Topaze, diamant
Parfums	Ambre, encens, chypre
Fleur	Tournesol
Anatomie	Cœur, artères, œil droit
Infusions	Aubépine, menthe
Qualités	Organisation, goût du faste
Défauts	Orgueil, autoritarisme
Point fort	Individualité
Maison	Cinq
Pays-régions	France, Italie, Roumanie, Sicile, Bohême.

SYMBOLISME DU SIGNE DE LA VIERGE (24 août-23 septembre)

Signe : féminin.
6e signe du Zodiaque.
6e maison.
= JE SERS.
Elément : terre.
Croix : mutable.
Saison : fin de l'été.
Planète en domicile : MERCURE.
Physique : fonctions digestives.

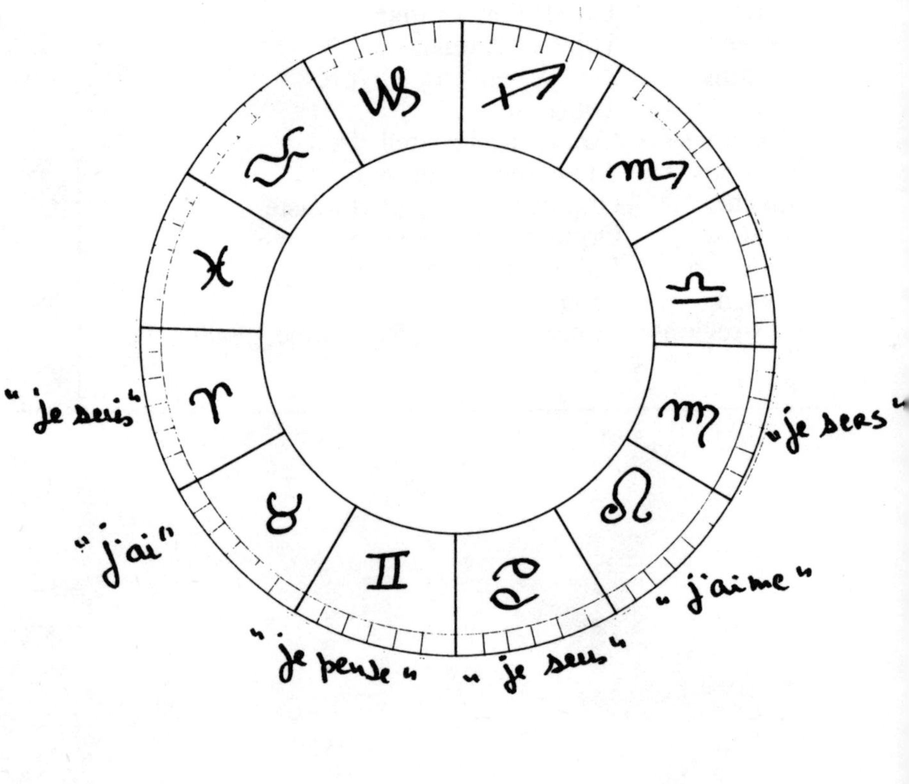

> *IMPORTANT :* Mercure est maître du signe, il est donc dans son domicile.

Les natifs(ves) de ce signe présentent les caractéristiques suivantes :

Le signe de la Vierge est un signe de transition (mutable) entre une saison et une autre. Nous vivons la fin de l'été ; c'est la fin des vacances, il va falloir se remettre au travail. Rappelons-nous que la Vierge est un signe de terre : c'est la période des moissons, de la récolte. Le natif(ve) de la Vierge fait le point, analyse, dissèque ce qui se passe dans les autres signes : il compte, il classifie, il range, il conserve, il fait des réserves sur tous les plans (intellectuel, matériel, etc.) afin de pouvoir puiser dans ses réserves quand il est temps. Il n'aime pas le côté instinctif de l'être, il se voudrait sans corps, il est handicapé par les demandes de celui-ci et, paradoxalement, le natif(ve) a peur de la maladie : il est anxieux, inquiet, et se met à l'écoute de tous, même de ses organes ; il somatise. La santé joue un grand rôle dans la vie de ce natif(ve) (travail, famille, etc.).

Le natif(ve) de la Vierge est anxieux, il crée un mécanisme de défense contre la partie instinctive qui vit en lui et l'esprit alterne entre l'irrationnel et le rationnel. C'est un signe intellectuel, cérébral, rationaliste ; rappelons-nous qu'il régit l'appareil digestif qui lui aussi filtre, retient. Un certain rigorisme, un goût de l'introspection, les conceptions sont intellectuelles et pratiques ; toutes ces tendances cohabitent mais sont tenues en laisse et examinées. Pas de débordements, chaque chose à sa place. Le risque pour ce natif(ve) est de se perdre dans les détails, « l'arbre qui cache la forêt ». Tendances à l'angoisse et à la phobie.

La position de Mercure nous renseigne sur la façon dont le natif(ve) vit sa condition solaire.

La Vierge symbolise : la prise de conscience liée à l'assimilation utile et concrète qui doit servir au sujet.

En amour, comment est-il ? Méfiant, économe, exigeant ; il a peur d'être floué, peur de communiquer. Il est dévoué, on peut compter sur lui. Il a besoin d'exploser, de se révolter, parce qu'il risque d'emmagasiner des rancunes et d'accentuer ce complexe de frustration qui rend la vie difficile. Il a l'impression d'être passé à côté de quelque chose. La maturité permet plus de rondeur, on se fait davantage plaisir. Sa sensualité existe. Elle est cérébralisée parce qu'il a peur de l'instinct, mais il est sensuel. Il est sensible au besoin du partenaire mais est tellement méfiant qu'il peut être amoureux mais pas forcément aimer. Laissez-lui le temps, il préfère une relation rassurante à une passion exigeante.

Pour le séduire : expliquez-lui que ce qui est utile n'est pas toujours essentiel. Rendez-le un peu fou (folle), il vous en sera reconnaissant.

LA VIERGE

Planète	Mercure
Métaux	Bronze, aluminium
Couleurs	Beige, gris
Pierres	Agathe, malachite, jaspe
Parfum	Lavande
Fleur	Fleurs des champs
Anatomie	Intestins
Infusions	Thym, verveine
Qualités	Ordre, serviable
Défauts	Rigueur extrême, critique systématique
Points forts	Logique, méthode
Jour	Mercredi
Maison	Six
Pays-régions	Suisse, Grèce, Brésil, Turquie, Virginie.

Nous avons parcouru la moitié du Zodiaque et appris que dans les six premières maisons l'individu se construit.

JE suis - J'ai - JE pense - JE sens - J'aime - JE sers

LE SUJET A BESOIN DE DIRE « JE » POUR EXISTER.

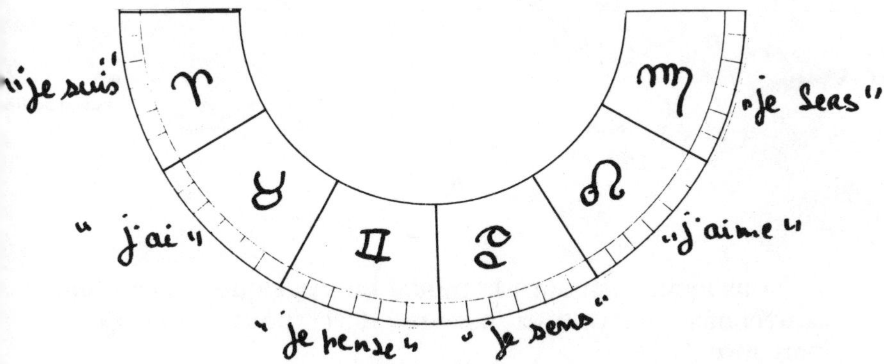

Franchissons maintenant l'axe qui partage le Zodiaque et parcourons les six derniers signes qui représentent aussi les six dernières maisons (de la 7e à la 12e).

Le sujet prend contact avec le collectif, avec les autres. Il ne s'exprime plus en terme de « JE » mais en terme de « NOUS ».

Nous ne pouvons atteindre une certaine maturité sans être confronté aux autres, sans savoir comment nous allons réagir et nous situer par rapport à eux.

Comment vivre dans ce monde et exister en tant qu'individu et socialement.

NOUS sommes - NOUS avons - NOUS Pensons NOUS sentons - NOUS aimons - NOUS servons

L'ÊTRE A BESOIN DE DIRE « NOUS » POUR VIVRE AVEC LES AUTRES.

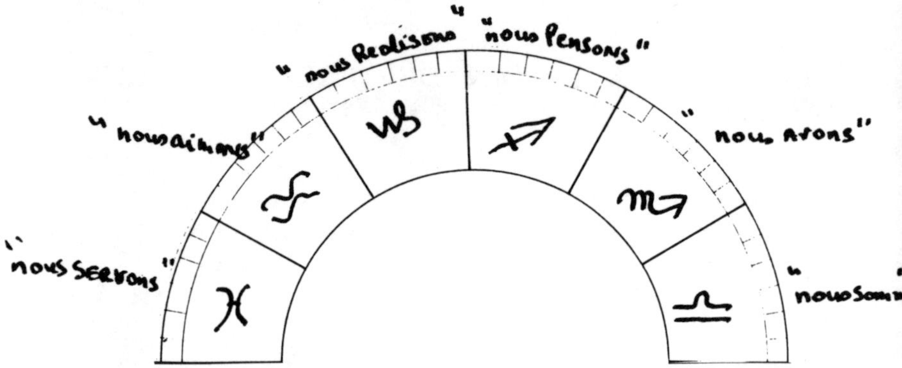

Nous avons parcouru la moitié du Zodiaque. Nous nous souvenons que celui-ci mesure 360° ; nous avons donc parcouru 180°.

Regardons les douze signes du Zodiaques : nous constatons qu'ils sont opposés. Le signe du Bélier a en face de lui le signe de la Balance. La distance qui les sépare est de 180°. En astrologie, on appelle cette distance une opposition que nous symbolisons comme ci-dessous :

Nous constatons que chaque signe opposé correspond au début d'une saison (cardinal), à la mi-saison (fixe), à la fin de la saison (mutable).

Apprenons par cœur :

Le Bélier est opposé à la Balance : tous deux sont cardinaux.
Le Taureau est opposé au Scorpion : tous deux sont fixes.
Les Gémeaux sont opposés au Sagittaire : tous deux sont mutables.
Le Cancer est opposé au Capricorne : tous deux sont cardinaux.
Le Lion est opposé au Verseau : tous deux sont fixes.
La Vierge est opposée aux Poissons : tous deux sont mutables.

Retenons : 12 signes = 12 maisons.

6 axes de signes

6 axes de maisons

Nous devons penser au Bélier et en même temps visualiser le signe opposé : la Balance.

Nous devons penser : maison 1 en face maison 7
maison 2 en face maison 8
maison 3 en face maison 9
maison 4 en face maison 10
maison 5 en face maison 11
maison 6 en face maison 12

Exerçons-nous, il faut créer un automatisme.

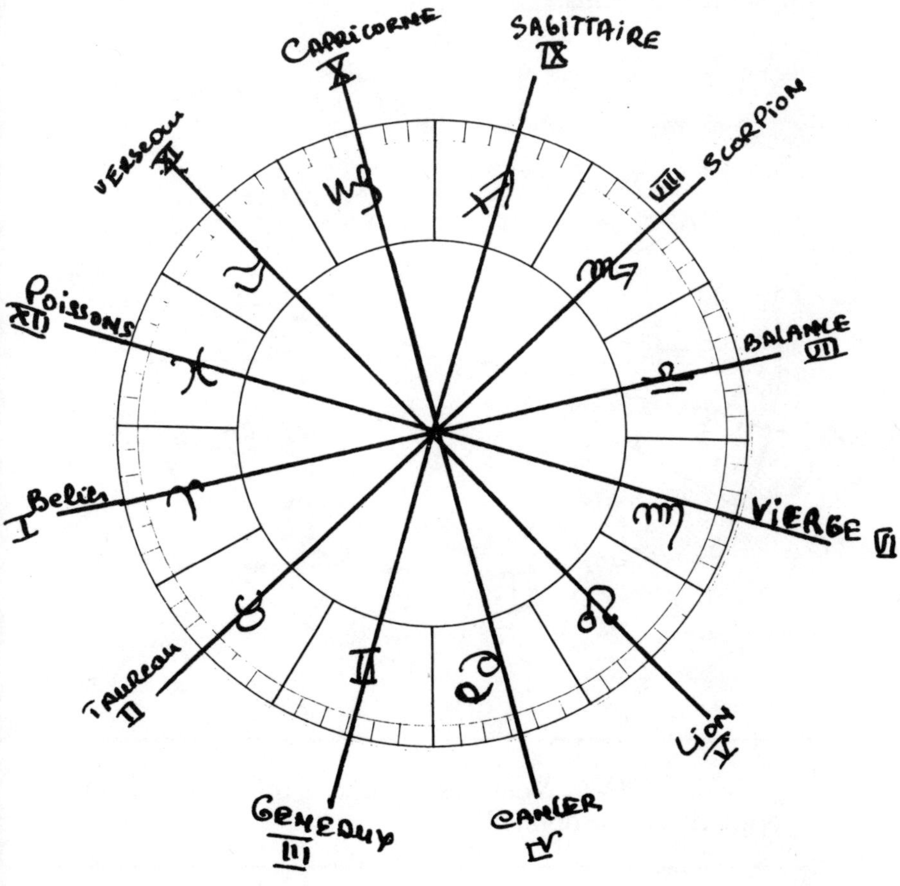

SYMBOLISME DU SIGNE DE LA BALANCE (24 septembre-22 octobre)

Signe : masculin.
7e signe du Zodiaque.
7e maison.
NOUS SOMMES
Elément : air.
Croix : cardinale.
Saison : début de l'automne.
Planète en domicile : VÉNUS.
Planète en exaltation : SATURNE.
Physique : les reins.

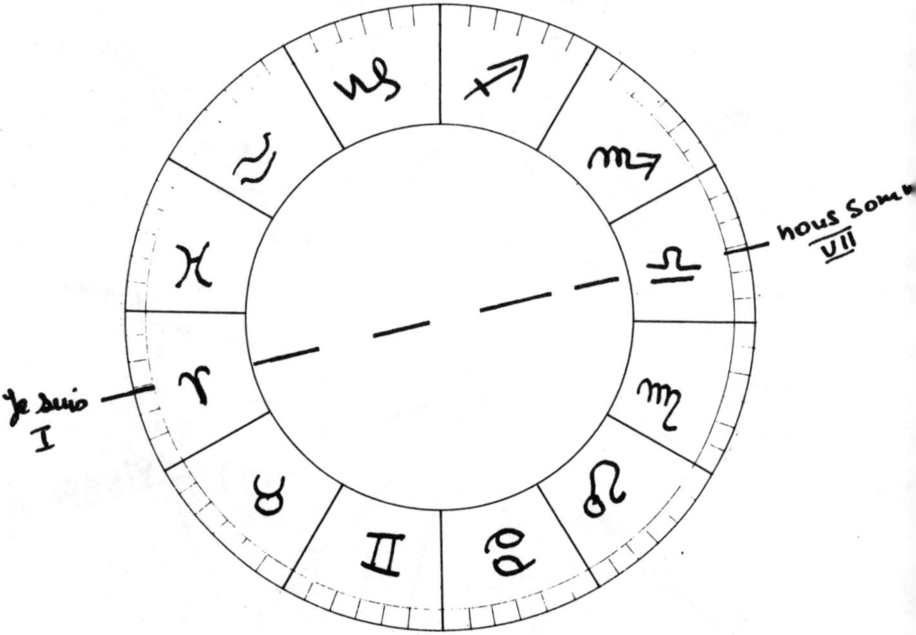

> *IMPORTANT :* Vénus est maîtresse du signe, elle est donc dans son domicile.

Les natifs(ves) de ce signe présentent les caractéristiques suivantes :

Nous sommes au milieu de l'année, c'est l'équilibre des jours et des nuits ; la vie intérieure vient d'apparaître, le sujet est encore habité par le souvenir récent de la fin de l'été, il va devoir penser à se préparer pour l'hiver. Signe charnière, le natif(ve) de la Balance va avoir un problème à résoudre : celui du choix. Il hésite, il a un tel besoin d'équilibre qu'il ne peut pas prendre de décisions qui risquent de le faire basculer dans des situations où il doit lutter. Il n'est pas lâche, il sait que son équilibre dépend de la manière harmonique dont il vit sa vie. Il ne peut pas vivre dans le déséquilibre et les conflits. C'est un signe de mesure, il sait instinctivement que tout envers a un endroit ; il est pour les compromis, les arrangements ; il faut éviter que les décisions à prendre puissent rompre ce fameux équilibre. Le natif(ve) de la Balance dépend des autres, de l'autre, de l'association du couple, de l'union ; c'est vital pour lui. Ne pensons pas que le natif(ve) de ce signe soit faible, influençable : il faut bien saisir qu'il a un fond de sagesse puisqu'il sait que les conflits aboutissent à l'obligation de faire des concessions. Il ne veut pas la guerre, mais essayez de menacer sa paix et vous serez surpris par ses réactions. Sachez que c'est un signe intelligent qui compose parce qu'il a l'intelligence de pouvoir le faire. Il a un sens esthétique particulièrement développé, un goût inné pour la justice et peut se battre contre l'injustice puisqu'elle va créer des conflits. Il est sensible et au fond très exigeant, sans en avoir l'air.

La position de Vénus nous renseigne sur la façon dont le natif(ve) va vivre sa condition solaire.

La Balance symbolise : le besoin pour le sujet de s'unir, de s'associer aux autres ou à l'autre avec l'obligation de se confronter à eux afin d'appartenir au monde du collectif.

> A l'opposé du Bélier « JE SUIS », impulsif, carré, qui ne fait pas de concessions, nous avons le signe de la Balance « NOUS SOMMES », besoin d'harmonie, de rondeur, d'équilibre.

En amour, comment est-il ? L'amour doit être légalisé, pas d'union libre à long terme. Le sujet a besoin d'harmonie, de paix. Le natif(ve) de la Balance est un esthète : l'allure, la classe de l'autre compte, et bien entendu la Balance hésite. Il a besoin d'amour lié à un certain conformisme dans la manière de le vivre. C'est un amoureux passionné, il est convaincu de sa fidélité, mais ne sait pas dire non ; aussi, quand l'amour s'endort, il risque de regarder ailleurs... Il n'aime pas les relations tièdes ; surtout, ne lui laissez pas penser qu'il est devenu un objet car il partira, même s'il doit pour cela souffrir beaucoup. Le natif(ve) de la Balance est un amoureux de tout : d'une maison, d'un objet, d'un livre, d'une fleur, d'un pays, etc.

Pour le séduire : jamais de scènes ; ne créez pas de situations où vous l'obligez à sortir de ses gonds, à vivre l'aspect violent des disputes, il ne vous le pardonne pas. Soyez juste (n'oubliez pas que la Balance symbolise la justice et l'équilibre), discutez avec lui et partagez beaucoup de choses, il a besoin de partenaires pour vivre avec eux ses rêves, ses projets.

LA BALANCE

Planète	Vénus
Métaux	Cuivre, platine
Couleurs	Pastels
Pierres	Saphir, corail.
Parfum	Jasmin
Fleurs	Rose, camélia, réséda.
Anatomie	Reins.
Infusions	Serpolet, thym.
Qualité	Sociabilité.
Défauts	Indécision, dilettantisme.
Point fort	Sens de l'harmonie.
Jour	Vendredi.
Maison	Sept
Pays-régions	Savoie, Autriche, Argentine, Haute-Egypte.

SYMBOLISME DU SIGNE DU SCORPION (23 octobre-22 novembre)

Signe : féminin.
8e signe du Zodiaque.
8e maison.
= NOUS AVONS
Elément : eau.
Croix : fixe.
Saison : milieu d'automne.
Planètes en domicile : MARS et PLUTON.
Physique : organes génitaux et gros intestin.

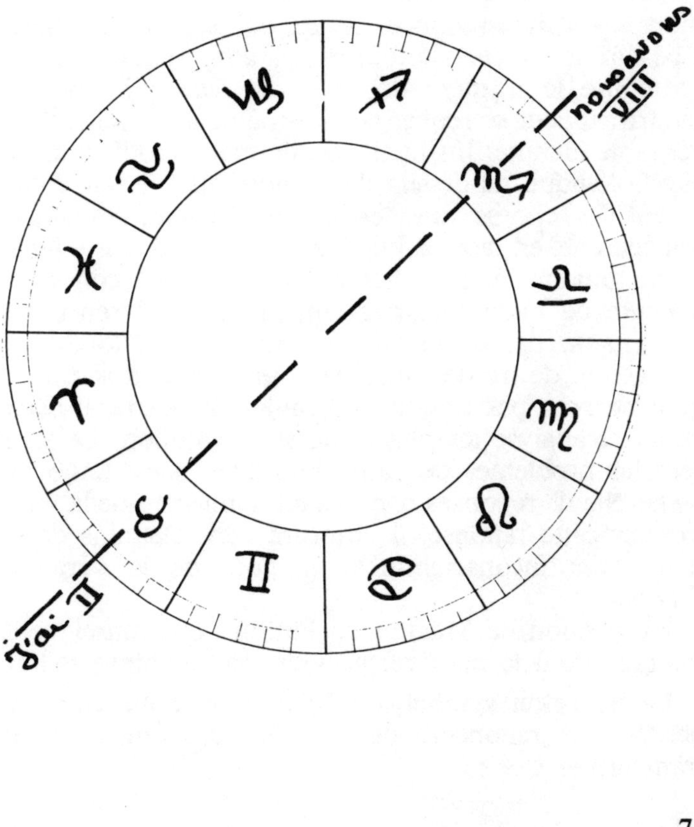

> *IMPORTANT :* Mars et Pluton sont les maîtres de ce signe, ils sont donc dans son domicile.

Les natifs(ves) de ce signe présentent les caractéristiques suivantes :

Le signe du Scorpion est un signe de profonde mutation, de combat intérieur afin de vivre cette réalité fondamentale de la vie liée à la mort, à la destruction. Le Scorpion le sait, il vit l'angoisse d'exister et éprouve des pulsions violentes liées à cette angoisse. Il a besoin de féconder sur tous les plans. La sexualité est très forte, l'acte sexuel est pour lui le moyen de se battre avec la mort. Il a le sentiment de la métamorphose, que l'individu ne peut vivre qu'après être mort lui-même : renoncer, se dépouiller, afin de renaître. Il a besoin de sonder, de fouiller, de comprendre, d'absolu. Il symbolise le mystère de l'homme face à l'obligation de mourir, il peut se replier sur lui-même à la recherche de sa véritable identité. Instinctif, passionnel, émotif, il a un sens psychologique au-dessus de la normale ; il sait disséquer, il sent les choses que les autres cachent, les gens sont transparents en face de lui. C'est un individualiste farouche, il est toujours à la recherche des réponses concernant le mystère de l'homme ; c'est un angoissé, il rencontre des marginaux, des exilés, des déracinés, etc., toujours avec l'obsession de trouver une réponse à ce qu'il sent en lui et qu'il ne peut pas toujours formuler. Il rejette, il détruit, il renaît et analyse les phases de son évolution. Le Scorpion sent les problèmes de l'âme humaine, il est toujours à la recherche de réponses concernant le mystère de la vie. Pour trouver cette réponse, il emprunte des chemins détournés mais avec inconsciemment le goût de la vérité et de l'absolu.

La position de Mars et de Pluton nous renseigne sur la manière dont le natif(ve) va vivre sa condition solaire.

Le Scorpion symbolise : l'obligation pour l'individu de perdre, de renoncer, de mourir lui-même afin de se transformer.

A l'opposé du signe du Taureau, qui lui a besoin de posséder concrètement, de ne pas remettre les choses en question, le Scorpion rejette, expulse, détruit, remet tout en question ; il veut posséder la vérité qui le rendra libre.

En amour, comment est-il ? Importance de la sexualité liée à l'affectivité, ne l'oublions pas. On prête au Scorpion un intérêt pour le sexe qui n'est pas fondé ; la sexualité est pour lui liée à une expérience qui l'amène plus loin ; on peut dire qu'il a une sexualité mythique. La passion, la haine, les drames, les départs, les retours font partie de son existence amoureuse. Il cherche l'être exceptionnel parce qu'il se sent exceptionnel. Une rencontre avec un Scorpion ne s'oublie pas, il essaye de manger l'autre, de le posséder. Les amours ne sont pas de tout repos, mais si vous faites le poids, si vous êtes à la hauteur, vous aurez en face de vous une ou un compagnon exceptionnel.

Le natif(ve) du Scorpion méprise l'amour et, tout en essayant de raisonner ses impulsions, il succombe à une fascination passionnelle. En prenant de l'âge, il devient très intéressant. N'oubliez pas qu'il sait très vite qui vous êtes : il sent les besoins de l'autre, il recherche les rapports de force, il n'accepte pas facilement l'égalité des rapports, il peut vous tromper, flirter, mais ne l'accepte pas de vous. Il vous apporte un changement profond dans votre vie, et ce n'est pas si mal.

Pour le séduire : acceptez le *statu quo,* ne le poussez pas à bout, il ne revient pas. Dites-lui que vous avez besoin de lui. Ne jouez pas trop avec sa jalousie légendaire ; en définitive, acceptez cette relation exceptionnellement fatiguante et passionnante.

LE SCORPION

Planètes	Mars, Pluton
Métal	Fer
Couleurs	Rouge, gris fer, grenat
Pierres	Hématite, grenat, rubis
Parfums	Santal, patchouli
Fleur	Orchidée
Anatomie	Organes génitaux, nerfs, nez
Infusions	Basilic, armoise, queue de cerise
Qualité	Ténacité
Défauts	Rancunier, destructeur
Point fort	Solidité
Jour	Mardi
Maison	Huit
Pays-régions	Pays arabes, Israël.

SYMBOLISME DU SIGNE DU SAGITTAIRE
(23 novembre-22 décembre)

Signe : masculin.
9e signe du Zodiaque.
9e maison.
= NOUS PENSONS.
Elément : feu.
Croix : mutable.
Saison : fin d'automne.
Planète en domicile : JUPITER.
Physique : hanches, cuisses, fesses.

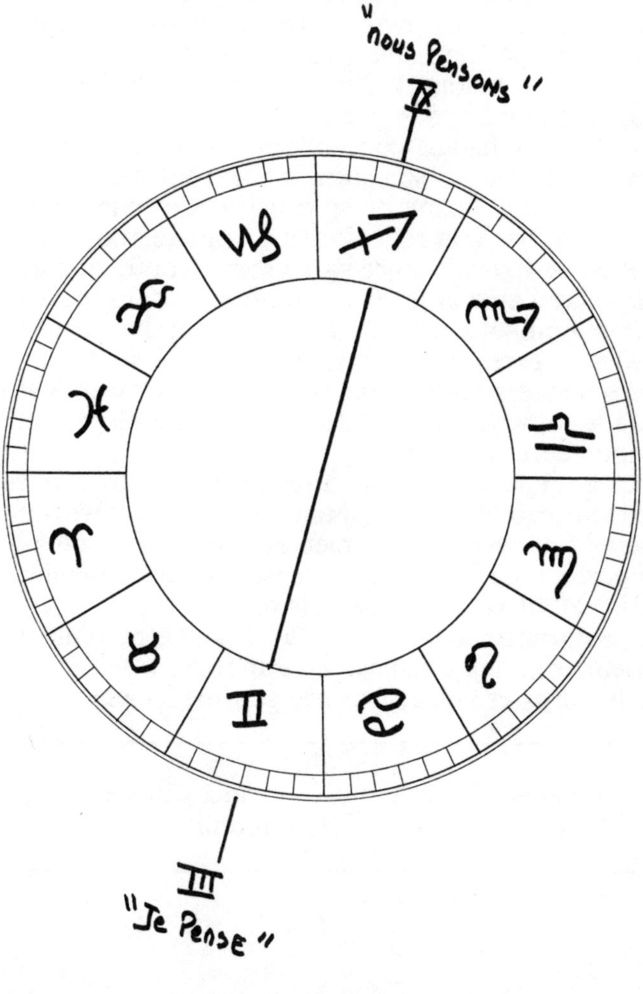

IMPORTANT : Jupiter est maître du signe, il est donc dans son domicile.

Les natifs(ves) de ce signe présentent les caractéristiques suivantes :

Le signe du Sagittaire symbolise la générosité, l'expansion, la bienveillance, l'idéalisme, la légalité, la foi. Le Sagittaire raisonne logiquement, il est doué de la capacité d'assimiler les données des problèmes et de faire la synthèse. Humaniste, il a besoin de changements, de contacts, de grands espaces, de voyages. Concrètement, lorsqu'il ne peut pas réaliser ce besoin de voyages, il le réalise dans le domaine de la pensée ; il n'est bien qu'ailleurs, il a besoin de s'évader sur tous les plans. Il a le don de transmettre, d'enseigner, le goût du sport. Ce signe prédispose aux hautes conceptions de l'esprit. Le natif(ve) est amené à trouver son idéal au travers d'une foi, d'une philosophie, une forme de spiritualisation, une manière de vivre qui est liée à la réflexion et à la méditation. De par la dualité de ce signe, le sujet va vivre des contradictions et va devoir relier l'âme et le corps, le présent au futur. Son sens de la synthèse joue à fond ; il peut être imbu de lui-même, orgueilleux, excessif, en vérité il cherche à se dépasser. S'il sort des sentiers battus, son sens du conformisme et de la légalité le ramèneront dans les rangs. Il est respectueux des traditions de la légalité.

Cyclotymique et dépressif à ses heures, il retrouve rapidement son équilibre en faisant de grands rêves qui lui permettent de régler ses problèmes d'angoisse et de s'évader.

La position de Jupiter nous renseigne sur la manière dont le natif(ve) vit sa condition solaire.

Le Sagittaire symbolise : la découverte d'un monde supérieur, son appartenance à ce monde. Il fait la synthèse entre le corps et l'âme, il pense spirituellement.

A l'opposé du signe du Gémeaux qui s'éparpille, le Sagittaire cherche à unifier, à réunir.

En amour, comment est-il ? Il conclut rapidement ; il peut épouser plusieurs fois s'il le faut, mais en étant convaincu que c'est la dernière. Il légalise tout en détestant quelque part d'être lié. L'amour tient une place très importante ; idéaliste, un peu naïf, il a tendance aux coups au cœur, la vie est assez agitée. Ne lui parlez pas sans arrêt de responsabilités, il en a peur. Il se lie mais ne supporte pas l'idée d'être en prison, d'un fil qui le retient.

Pour le séduire : ne l'enfermez sous aucun prétexte ; laissez-le voyager, prendre de l'exercice, sinon il étouffe ; respectez sa liberté. Attention au Sagittaire nidificateur à tout crin : il installe des maisons, des cages parce qu'il ne peut pas assumer sa liberté intérieure mais inconsciemment il vous le fait payer à moins que vous le laissiez partir, s'oxygéner, voyager.

LE SAGITTAIRE

Planète	Jupiter
Métal	Etain
Couleurs	Bleu nuit, violet, rouge profond
Pierres	Grenat, saphir
Parfums	Bergamotte, cédrat
Fleur	Glaïeul
Anatomie	Foie, vésicule, circulation artérielle
Infusions	Sauge, romarin, camomille, chardon bleu
Qualités	Bonté, générosité
Défauts	Excès de pouvoir, vanité
Points forts	Optimisme, goût de la conquête
Jour	Jeudi
Maison	Neuf
Pays-régions	Espagne, Pays-Bas, Australie, Maroc, Hongrie, Finistère.

SYMBOLISME DU SIGNE DU CAPRICORNE (23 décembre-20 janvier)

Signe : féminin.
10e signe du Zodiaque.
10e maison.
= NOUS RÉALISONS.
Elément : terre.
Croix : cardinale.
Saison : début de l'hiver.
Planète en domicile : SATURNE.
Physique : squelette, articulations, genoux.

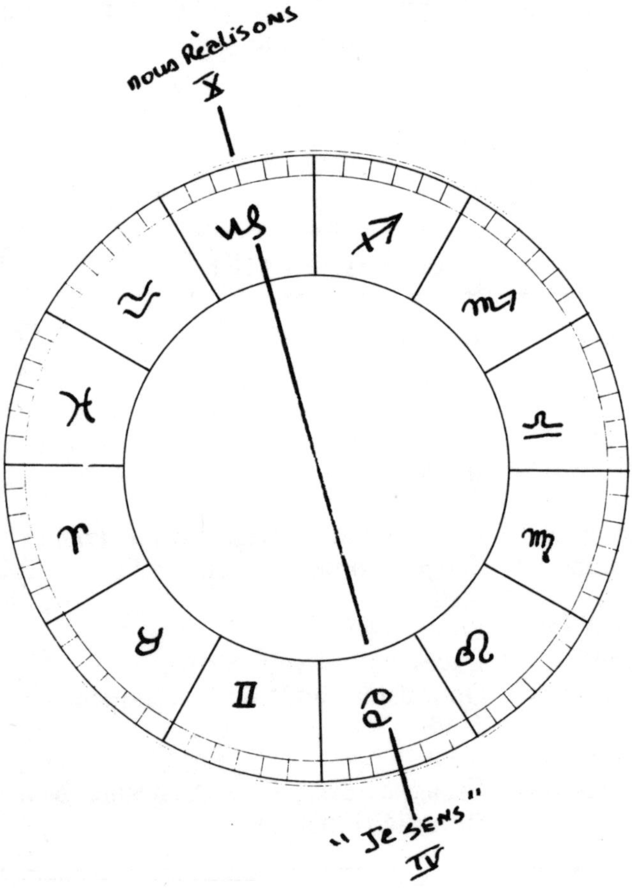

IMPORTANT : Saturne est maître du signe, il est donc dans son domicile.

Le signe symbolise le dénuement, la concentration, le principe paternel. Le Capricorne a besoin de solitude, de méditation ; il grimpe lentement vers les sommets : c'est un passionnel froid.

L'hiver s'est installé, le sujet va s'affirmer tout en renonçant. Il va se mesurer face aux situations, en tenant compte de l'élément temps. L'adolescence et l'enfance ne sont pas les meilleures périodes de sa vie. Impatient, il supporte mal ses limites ; il sait qu'il va devoir refuser l'inutile, se concentrer sur l'essentiel afin d'atteindre cette maturité qui est la période qui lui va bien. Il risque de commencer à se sentir mieux dans sa peau à partir de l'âge de trente ans. En vieillissant, le Capricorne se réalise, il domine les situations et ce long travail de renoncement lui donne une autorité qui lui permet de réaliser qu'il est le guide du troupeau. La réflexion, l'obligation de vivre au ralenti, l'introspection en font un être qui peut prendre des engagements à long terme parce qu'il est maître de son devenir. Pas très liant, il déteste les mondanités (il peut avoir un frère du même signe qui, lui, sera obsédé par la réussite, l'ambition, la boulimie à tous les niveaux). Le Capricorne, plus traditionnel, lui, réfrène ses pulsions et les domine. Il déteste l'inutile, les faux sentiments parce qu'il n'aime pas perdre ce fameux temps. C'est un sensible et passionné à froid. Il naît vieux et rajeunit en vieillissant ; il recherche la solitude ou la domination ; c'est un être paradoxal.

La position de Saturne nous renseignera sur la façon dont le natif(ve) vivra sa condition solaire.

Le Capricorne symbolise : la maturité ; grâce aux renoncements indispensables, il va s'intégrer à la société.

A l'opposé du signe du Cancer qui symbolise l'enfance, l'instinct, la mère, le Capricorne symbolise la maturité, l'obligation de dominer ses instincts pour être délivré des contraintes et agir (il symbolise le père).

En amour, comment est-il ? Deux possibilités : c'est un boulimique effréné d'aventures amoureuses (l'ensemble du thème nous renseigne) ou un solitaire sentimental fidèle avec des relations profondes et durables. Il peut avoir des difficultés à extérioriser ses sentiments (à part le boulimique qui enlace toutes les tailles). La maturité affective peut se faire tardivement ; on trouve beaucoup de célibataires ou de mariages tardifs chez le natif(ve) du Capricorne. N'oublions pas qu'il a besoin de tendresse pour se dénouer. Il a besoin de contrôler les situations, aussi a-t-il peur d'être dans un état de dépendance ou d'infériorité s'il abandonne. Sa sexualité peut être forte, c'est un signe de terre (physique).

Pour le séduire : ne pas blesser son orgueil. Soyez affectif, extraverti, un peu fou (folle) ; aidez-le à se délivrer, mais avec psychologie ; libérez l'enfant qui en lui n'a jamais pu s'exprimer.

LE CAPRICORNE

Planète	Saturne
Métal	Plomb
Couleurs	Noir, blanc, rouge
Pierres	Onyx, jais
Parfum	Terre mouillée
Fleurs	Chèvrefeuille, chardon bleu, pois de senteur
Anatomie	Genoux, squelette, dents
Infusions	Prêle, thym
Qualité	Persévérance
Défauts	Misanthropie, avarice, restriction
Points forts	Durée, sens du temps
Jour	Samedi
Maison	Dix
Pays-régions	Inde, Bulgarie, Mexique

SYMBOLISME DU SIGNE DU VERSEAU (21 janvier-20 février)

Signe : masculin.
11e signe du Zodiaque.
11e maison.
= NOUS AIMONS.
Elément : air.
Croix : fixe.
Saison : milieu de l'hiver.
Planètes en domicile : URANUS, SATURNE.
Physique : cheville, mollets.

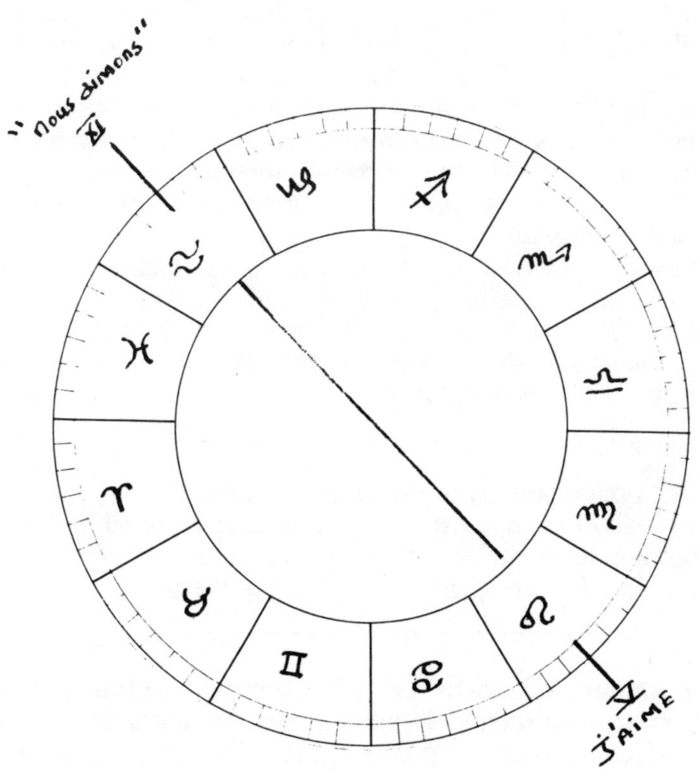

IMPORTANT : Uranus et Saturne sont les maîtres de ce signe, ils sont donc dans leur domicile.

Le natif(ve) du Verseau sait qu'il appartient au monde des hommes. Il passera dans un monde supérieur parce qu'il accepte les autres ; il a une vision large sur les choses et refuse d'être isolé. Il colle au monde collectif et se bat pour ses idées ; esprit d'avant-garde, original, il se met au service des autres. Il déteste les pulsions instinctives et les ignore, c'est un sentimental sans chaleur avec un sens très développé de l'amitié. Il ne tient pas à son individualité mais veut garder son indépendance. Habité par une grande curiosité intellectuelle, il est toujours tourné vers l'universel, le collectif. Anti-conventionnel, il a intérêt à choisir une voie ouverte sur l'indépendance afin d'agir comme il le veut ; n'oublions pas que c'est un original et ses idées, ses conceptions sont peu communes. Il peut créer, inventer, révolutionner ; c'est un cérébral intellectuellement très doué. Les choses de la vie lui arrivent souvent d'une manière inattendue.

La position de Saturne et d'Uranus nous renseigne sur la manière dont le natif(ve) vit sa condition solaire.

Le Verseau symbolise : le sujet prend conscience de faire partie intégrante de la communauté humaine ; il agit et s'exprime dans cette optique.

A l'opposé du signe du Lion où règne le « MOI » et où l'individualisme est à son apogée, dans le signe du Verseau, le sujet dit « NOUS » et perd son sens de l'individualité en se fondant avec l'universel.

En amour, comment est-il ? Cérébral, sentimental, il analyse ses sentiments. Il peut aimer plusieurs êtres à la fois ; anticonformiste, il prône l'union libre mais paradoxalement il peut être fidèle. Il a peur d'aliéner sa fameuse liberté mais chez lui règne le paradoxe. Il est capable de céder, de légaliser son union tout à coup et rompre le lendemain. Il ne sait pas ce qu'il veut vraiment. Il est doué pour les divorces et les ruptures, il peut vivre une relation liant l'amour et l'amitié avec un partenaire avec lequel il partage ces conceptions de liberté.

C'est le signe le moins possessif en amour : le plus franc, le plus net vis-à-vis de l'autre ; il ne passe pas sa vie à vous parler d'amour mais plutôt de ses projets, des autres, des amis. On peut dire de lui que c'est un sentimental froid ; il n'est pas doué pour les passions qui étouffent l'autre ; l'amitié est pour lui très importante.

Pour le séduire : soyez son ami(e), faites des projets avec lui, ouvrez votre porte à ses copains, acceptez les conversations idéologiques, politiques, etc. Restez libre et ayez vous-même vos propres désirs, vos idées, vos amis, des objectifs, un idéal de vie pas uniquement basé sur lui seul. Ne comptez pas trop sur lui pour le quotidien, soyez pratique pour deux, et vous aurez un (ou une) partenaire vivant(e), enthousiaste, original(e) et hors du commun.

LE VERSEAU

Planètes	Uranus, Saturne
Métaux	Uranium, chrome
Couleurs	Violet, bleu cobalt
Pierres	Aigue marine, cristal, améthyste
Parfum	Vétiver
Fleurs	Œillet du poète, campanule
Anatomie	Système nerveux, mollets
Infusions	Verveine, tilleul, menthe
Qualité	Altruisme
Défauts	Anarchie, exentricité « à tout prix »
Point fort	Originalité
Jour	Voir le jour correspondant à l'ascendant (ex : Verseau ascendant Vierge : Mercredi)
Maison	Onze
Pays-régions	Pays nordiques, U.R.S.S., désert d'Arabie

SYMBOLISME DU SIGNE DES POISSONS (21 février-21 mars)

Signe : féminin.
12e signe du Zodiaque.
12e maison.
= NOUS SERVONS.
Elément : eau.
Croix : mutable.
Saison : fin de l'hiver.
Planètes en domicile : NEPTUNE, JUPITER.
Physique : les pieds.

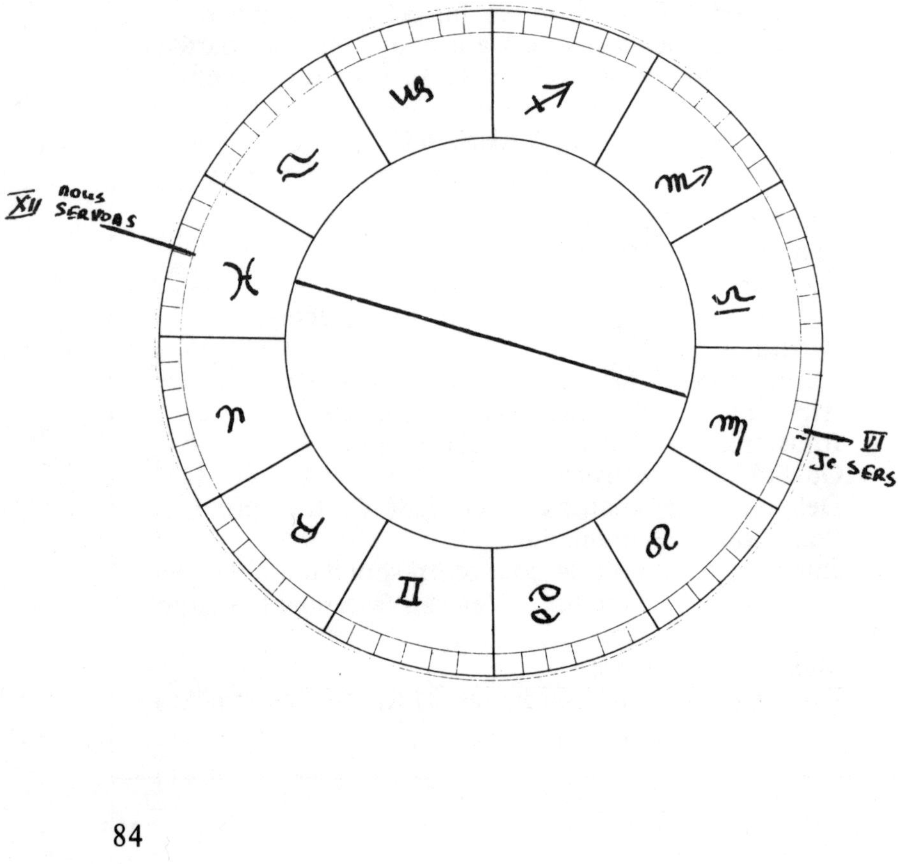

IMPORTANT : Neptune et Jupiter sont les maîtres du signe, ils sont donc dans leur domicile.

Les Poissons sont le dernier signe du Zodiaque (mutable). Le natif(ve) de ce signe est déchiré entre un passé lourd et un avenir incertain. Emotif, sensible à l'extrême, il n'aime pas la lutte jusqu'au moment où, acculé, il est obligé de faire face ; là il peut devenir dangereux. Ambivalent, à la recherche de lui-même, il a une grande difficulté d'existence. Il se sent prisonnier dans la société et n'arrive pas à se situer par rapport au monde dans lequel il vit. Dès qu'une chose se matérialise, il se tait et garde son secret. Il fuit de peur de prendre des décisions qui vont encore plus l'enfermer en lui-même. Il est habité par la contradiction dont la base est une sensibilité extrême et douloureuse. Il a souvent le goût du sacrifice et aide les autres, les écoute. Lorsqu'il fait du mal, ce n'est pas vraiment exprès. Il a une intelligence animale qui lui permet de faire de chaque expérience un atout de plus dans sa vie. Le natif(ve) des Poissons passe vite vers trente - trente-cinq ans de proie à chasseur et dévore cette vie à pleines dents.

Imaginatif, intuitif à l'extrême, médium, il est doué de facultés psychiques supérieures à la moyenne des autres signes. Il oscille entre le besoin de fuir (drogue, alcool, etc.) ou de se réaliser (foi, art, travail, etc.). Son désir d'évasion peut l'amener à toutes sortes d'aberrations ; c'est le signe le plus complexe.

La position de Neptune et de Jupiter nous renseigne sur la manière dont le natif(ve) va vivre sa condition solaire.

Le Poisson symbolise : la conscience de ses origines et de la fin, d'où difficulté pour lui de se situer.

A l'opposé du signe de la Vierge qui analyse, pense aux détails, a le sens des limites, le Poisson est irrationnel, illimité, inclassable.

En amour, comment est-il ? Il peut être collectionneur atteint de donjuanisme galopant, ou bien sentimental romantique ou bien un peu des deux. Il a tendance à donner à l'élu(e) de son cœur une dimension mythique et quand celui-ci (celle-ci) le déçoit (et bien entendu cela arrive), il part voir ailleurs où se trouve celui (celle) porteur d'une auréole. Vulnérable, infidèle, séduisant, il file entre les doigts, veut mourir d'amour et tue son partenaire en le laissant choir dans la seconde où celui-ci quitte son rôle mystérieux pour réagir humainement. Surtout si vous avez les moyens et si ça vous fascine, entretenez son goût pour les mystères.

Pour le séduire : ne vous découvrez pas, soyez patient, rendez-vous indispensable, et souffrez gaiement quand il voudra fuir.

LES POISSONS

Planètes	Neptune, Jupiter
Métal	Zinc
Couleur	Bleu
Pierres	Saphir, aigue marine
Parfum	Ylang-Ylang
Fleurs	Lotus, nénuphar, jonquille
Anatomie	Pieds, psychisme
Infusions	Verveine, marjolaine, menthe
Qualités	Dévouement, intuition
Défaut	Abus des plaisirs
Point fort	Mystère
Jour	Voir le jour correspondant à son ascendant (ex : Poisson ascendant Vierge = Mercredi)
Maison	Douze
Pays-régions	Portugal, Egypte, Normandie

Nous avons étudié les douze signes du Zodiaque, qui sont douze champs d'expériences pour le sujet et qui vont lui permettre de vivre douze prises de conscience.

Dans le premier signe, le Bélier, le sujet existe, il EST : il est projeté dans la vie. En parcourant le signe du Taureau, le sujet développe son besoin de réalisation concrète, il va POSSÉDER : il assimile ce qui a été vécu dans le signe précédent. En parcourant le signe des Gémeaux, l'intelligence du sujet s'éveille, il actualise ses relations avec son entourage, ses rapports immédiats, sa compréhension s'éveille, il entre dans le domaine du mental. En parcourant le signe du Cancer, il prend conscience de sa famille, de la mère, de la gestation, de la mise au monde, de son psychisme, le sujet naît vraiment, il perçoit, il sent. En parcourant le signe du Lion, le sujet prend conscience de son individualité, de son plaisir à exister : le MOI s'installe, il se sert de sa puissance, l'amour apparaît, le Cœur, il récolte les fruits des échanges acquis. En parcourant le signe de la Vierge, le sujet éprouve le besoin de faire le point, d'analyser, de comprendre le sens des diverses expériences faites depuis cette première impulsion dans le signe du Bélier. L'individu existe, il parcourt la deuxième partie du Zodiaque qui va le relier au monde collectif, il a besoin des autres pour progresser.

En parcourant le signe de la Balance, le sujet qui a fait le point dans le signe précédent va devoir s'unir, s'associer, se confronter aux autres, à l'autre : il a besoin de savoir qui est en face de lui ; il va se situer et vivre sa première expérience en vue de sa maturité. En parcourant le signe du Scorpion, le sujet, qui s'était associé dans le signe de la Balance, va devoir accepter la perte, la mort en tant que possibilité d'évolution. Cette expérience est importante pour l'individu, il va savoir qu'elle est indispensable pour participer à sa métamorphose et renaître afin d'être capable de passer à une dimension plus spirituelle. En parcourant le signe du Sagittaire, le sujet va faire la synthèse, relier le passé à l'avenir, comprendre les expériences faites dans les deux signes précédents (où il s'est uni à l'autre et puis a dû accepter la perte de l'autre ou la sienne). Le sujet accède au monde qui le dépasse, il renaît et apprend de nouvelles lois, son horizon s'élargit. En parcourant le signe du Capricorne, le sujet va réaliser les choses vécues dans les signes précédents, il s'intègre à la société parce qu'il a enfin atteint sa maturité ; il devient le guide, il RÉALISE. En parcourant le signe du Verseau, le sujet va s'intégrer à la communauté humaine, il sait qu'il appartient à celle-ci ; il s'associe mais pas uniquement avec une seule personne, avec les AUTRES. Il sent son appartenance et sa participation avec le destin du monde et le patrimoine collectif auquel tous les êtres ont participé. En parcourant le signe des Poissons, le sujet se trouve en face de lui. Même s'il connaît ses origines et son passé, il prend conscience de sa vie, de celle du ciel, de la foi, de la spiritualité et de la fin de l'expérience humaine (qui aboutit à se noyer dans le monde divin des énergies supérieures de celui qui ordonne). Il va devoir s'isoler afin de prendre conscience de ce passé et que la vie reprenne dans le signe du Bélier. Il va être obligé de choisir entre deux possibilités : être mené vers la plus haute mystique ou vivre des expériences aberrantes et fuir en se servant de moyens artificiels (drogue, alcool, etc.).

LES PLANÈTES

Nous allons faire connaissance avec les planètes ; elles animent chaque signe. Dessinons-les :

☉	☽	☿	
SOLEIL	LUNE	MERCURE	
♀	♂	♃	♄
VÉNUS	MARS	JUPITER	SATURNE

Elles parcourent le Zodiaque dans le sens contraire des aiguilles d'une montre. En les étudiant dans un thème, nous découvrirons la personnalité du sujet, sa structure personnelle, ses possibilités concernant sa manière d'agir, d'exister, d'aimer. *Ce sont les planètes individuelles.*

Faisons connaissance avec les planètes qui lient le sujet au collectif. Elles vont nous permettre de situer le sujet par rapport aux autres, au monde, son rôle dans l'expérience collective. Dessinons-les :

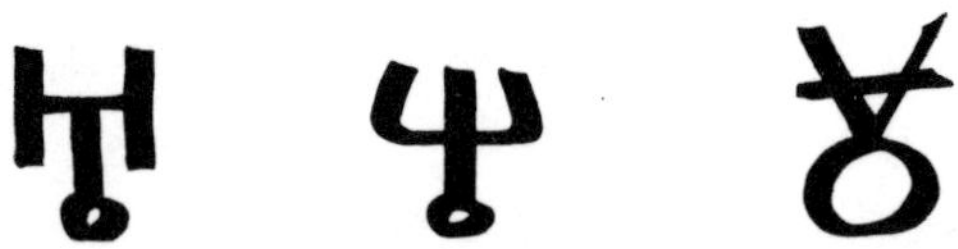

URANUS NEPTUNE PLUTON

> Résumons : nous avons appris à dessiner les dix planètes :
> – 7 individuelles ;
> – 3 collectives.

On appelle aussi les planètes « corps célestes » ; elles sont mobiles, elles vont pour parcourir les douze signes du Zodiaque, mettre un certain temps. Seul le Soleil a un cycle régulier puisqu'il met une année à parcourir son parcours autour du Zodiaque.

Exemple : Tous les 22 mars, il sera à 0° 36 du signe du Bélier ; tous les natifs(ves) du 22 mars auront leur Soleil à 0° 36 du Bélier chaque année.

Exemple : Tous les natifs(ves) du 10 octobre auront chaque année leur Soleil à 16° de la Balance, etc. En ce qui concerne la position des autres planètes, apprenons le temps qu'elles vont mettre à parcourir le tour du Zodiaque :

SOLEIL	365 jours
LUNE	28 jours
MERCURE	87 jours
VÉNUS	224 Jours
MARS	1 an et 220 jours
JUPITER	12 ans
SATURNE	29 ans
URANUS	84 ans
NEPTUNE	168 ans
PLUTON	249 ans

Votre nom est Dupuis et vous habitez 12, rue du Renard, c'est votre domicile. Chaque planète a aussi son domicile qui est représenté par un signe. Le Soleil dit : « Je m'appelle Soleil, j'habite le signe du Lion. » Chaque planète correspond à la nature, à la fonction de son signe et de son domicile.

Exemple : Mars, planète en domicile dans le signe du Bélier, va entraîner le signe par son impulsion, son énergie propre.

Autre exemple : Vénus en Balance est dans son domicile : cette planète qui symbolise l'amour, qui lie les êtres correspond à ce signe qui est à la recherche de son équilibre au travers de sa relation avec « l'autre », « les autres ».

En étudiant un thème, on doit reconnaître chaque signe, chaque planète et à quels signes elle appartient. On dit qu'une planète est en domicile lorsqu'elle est chez elle et apporte alors son maximum de puissance. Dans le signe opposé à son domicile, la planète sera en exil.

Reprenons l'exemple de Vénus, maîtresse du signe de la Balance. Quel est le signe opposé à la Balance ? Nous le savons par cœur, c'est le signe du Bélier. Dans le signe du

Bélier, Vénus est en exil puisqu'elle est opposée à son domicile et c'est logique : Vénus est le lien avec les autres, le besoin d'amour, d'harmonie. Dans le signe du Bélier, cette demande d'amour est impulsive, passionnelle ; Vénus est malmenée, elle fonctionne au rythme du Bélier et ce n'est pas son rythme.

Reprenons : Chaque signe a une planète qui est maîtresse du signe. Dans le signe opposé, cette planète est en exil.

En face de chaque signe, nous inscrivons le nom de la planète. Nous constatons qu'une planète peut avoir deux domiciles, c'est-à-dire habiter deux signes dans lesquels elle est en harmonie, « chez elle ».

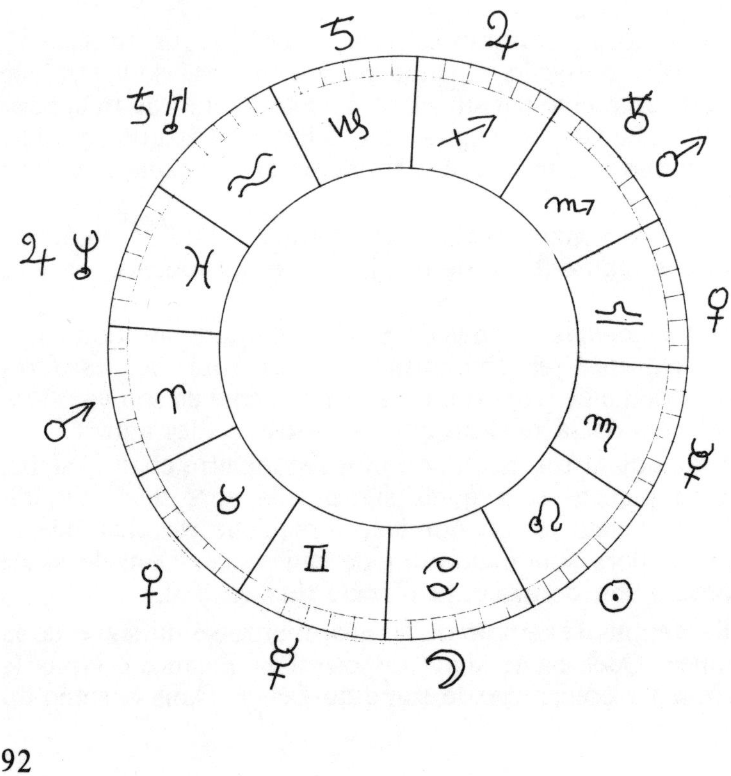

MERCURE en Gémeaux et en Vierge
VÉNUS en Taureau et en Balance
MARS en Bélier et en Scorpion
SATURNE en Capricorne et en Verseau
NEPTUNE et JUPITER en Poissons
SATURNE et URANUS en Verseau
MARS et PLUTON en Scorpion

Apprenons :

	DOMICILE	EXIL	EXALTATION	CHUTE
☉	♌	♒	♈	♎
☽	♋	♑	♉	♏
☿	♊ ♍	♐ ♓		
♀	♉ ♎	♏ ♈	♓	♍
♂	♈ ♏	♎ ♉	♑	♋
♃	♐ ♓	♊ ♍	♋	♑
♄	♑ ♒	♋ ♌	♎	♈
♅	♒	♌	♏	♉
♆	♓	♍		
♇	♏	♉		

Nous constatons que deux planètes peuvent avoir le même domicile et habiter le même signe.

Essayons de comprendre comment fonctionnent les planètes qui habitent *deux domiciles*.

Observons Mercure maître du signe des Gémeaux (signe

d'air). Il permet au sujet de s'intéresser à mille choses, il l'oblige à être curieux. L'intelligence a besoin de contact avec l'extérieur, elle est expansive. Planète et signe sont primaires, ils réagissent dans l'immédiat avec l'extérieur.

Observons Mercure maître du signe de la Vierge (signe de terre). Le sujet va devoir analyser, avec comme objectif de faire la synthèse, le point, de comprendre. L'intelligence a besoin de vivre en relation avec le monde intérieur. Planète et signe sont tous deux intellectuels, analytiques et précis.

Observons Vénus maîtresse du signe de la Balance (signe d'air). Elle va permettre l'échange, la liaison, le besoin de s'unir avec les autres, avec l'autre, l'union de l'homme et de la femme, l'aspiration artistique, le sens de l'harmonie ; abstraite, intellectuelle, Vénus est raffinée, délicate, esthète.

Observons Vénus maîtresse du signe du Taureau (signe de terre). Vénus va unir ce qui a été vécu dans le premier signe ; elle s'exprime par la possession des choses, avec comme objectif de rendre la vie douce et confortable. Elle donne le goût des sensations, de l'affectivité, de l'amour pour la terre, pour les joies de la vie terrestre et concrète.

Observons Mars maître du signe du Bélier (signe de feu). Le sujet va s'exprimer impulsivement, instinctivement ; Mars le rend dynamique, lui donne le goût d'entreprise, d'initiative, le goût du sport, du risque ; il le rendra novateur. La planète et le signe sont primaires.

Observons Mars maître du signe du Scorpion (signe d'eau). Mars va lui donner l'impulsion pour approfondir et élargir son champ de conscience. Mars, destructeur, détruit en vue d'une métamorphose, une reconstruction.

Observons Saturne maître du signe du Capricorne (signe de terre). Saturne, principe de concentration, va permettre au sujet l'individualisation liée à la lente maturation, à la réflexion qui donne au sujet la possibilité de s'intégrer à la société comme chef et maître du troupeau. Les objectifs sont à long terme ; on pense en profondeur. Planète et signe sont secondaires.

Observons Saturne maître du signe du Verseau (signe d'air). Saturne donne la concentration, la maturité qui va permettre au sujet de garder son individualité tout en se mettant au service des autres, des causes humanitaires. Saturne est en domicile parce que le principe de concentration de cette planète peut permettre dans ce signe d'acquérir le détachement de soi.

Nous avons appris que les planètes peuvent être dans un thème :

- en domicile ;
- exaltée ;
- en exil ;
- en chute.

Dans son livre *Traité Pratique d'Astrologie,* André Barbaut écrit : *« L'exaltation* se présente ainsi comme le printemps, une force ascendante, en croissance. Le trône (ou domicile) comme l'été, une puissance à son apogée. Analogue à l'automne, *la chute* comme un dynamisme au déclin et semblable à l'hiver, l'exil comme une force au plus bas de sa course. »

> *Retenons :* Quand une planète est en *domicile,* elle est en *exil* dans le signe opposé.
>
> Quand une planète est en *exaltation* dans un signe, elle est en *chute* dans le signe opposé.

Essayons de comprendre comment fonctionnent les planètes en exaltation.

La lune exaltée dans le signe du Taureau : il y a analogie entre la fécondité de la « terre mère » du signe du Taureau et celle de la « mère et de la femme » dans le signe du Cancer où elle est en domicile.

Vénus exaltée dans le signe des Poissons : il y a analogie entre la planète et le signe, sensibilité, émotivité. On s'exprime d'une manière romanesque ou mystique ; importance de l'affectivité.

Mars exalté dans le signe du Capricorne : la force et l'activité de cette planète vont affirmer le caractère, la volonté agressive qui oriente vers les entreprises à longue durée.

Jupiter exalté dans le signe du Cancer va permettre l'épanouissement des valeurs familiales du signe et affirmer son goût pour ce qui est rassurant : le foyer, le confort matériel, le bien-être.

Saturne exalté dans le signe de la Balance va aider le sujet dans sa recherche d'équilibre qui l'oblige à peser le pour et le contre. Il est indispensable pour lui de penser en profondeur ; Saturne va l'aider à s'affirmer et à trouver son équilibre entre le « toi » et le « moi ».

Uranus exalté dans le signe du Scorpion : la planète va accentuer un état de tension qui oblige le sujet à vivre le bouleversement d'une situation par la destruction de celle-ci. Il peut alors reconstruire une situation qui permet au sujet de sentir instinctivement les profondeurs de son psychisme.

EXERCICE :

Notons, en se servant du tableau de la page 93, la position de chaque planète, son domicile, son exaltation, le lieu de son exil et de sa chute.

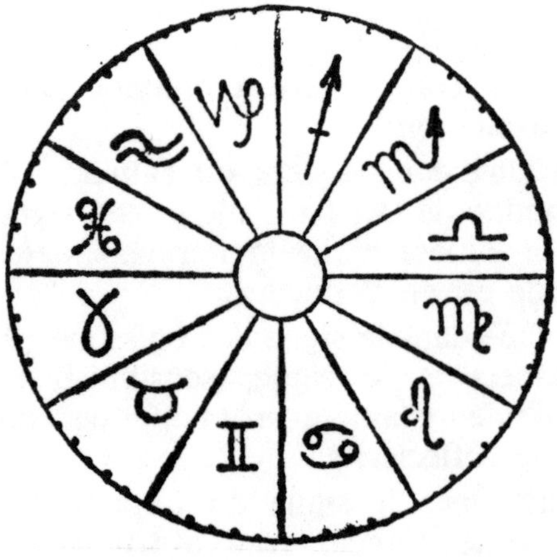

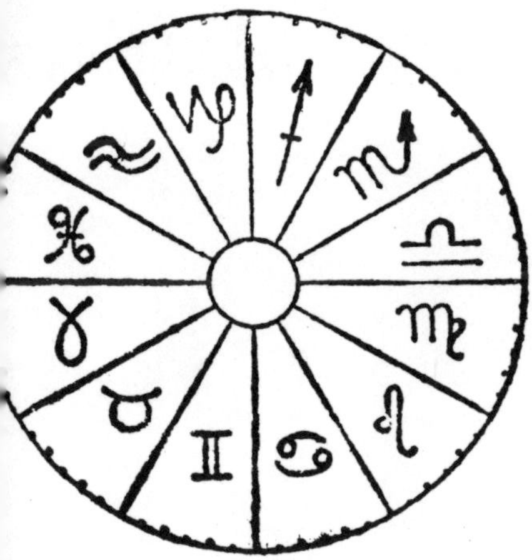

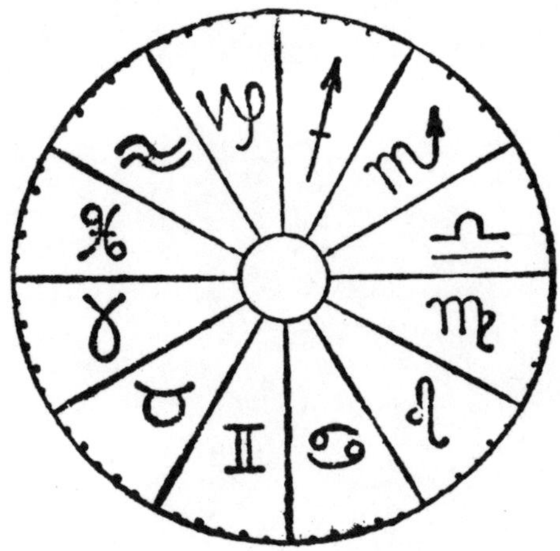

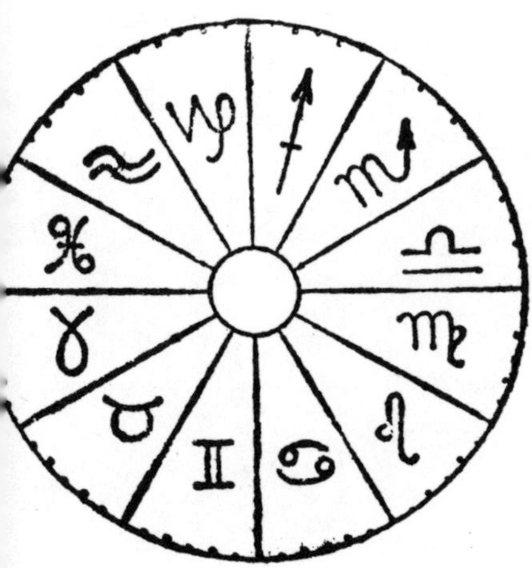

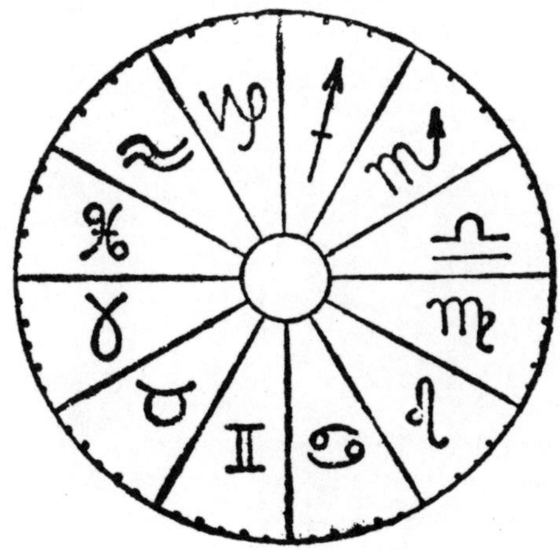

LES ASPECTS

Qu'est-ce qu'un aspect ? Etudions-le, connaissons-le. Prenons le thème qui nous sert d'exemple : nous constatons qu'à l'intérieur du Zodiaque, il y a des lignes qui relient les planètes entre elles, ou entre elles et l'ascendant ou le milieu du ciel (voir page 131). Un aspect, c'est la distance plus ou moins grande qui sépare deux planètes. L'aspect va créer une relation entre les deux tendances des deux astres. On dit d'un aspect qu'il est « harmonique » ou « bénéfique » quand il relie deux planètes qui vont ainsi s'associer entre elles et avoir une orientation commune afin de faciliter la vie du sujet. Elles ne demandent pas d'effort, elles peuvent donc endormir le sujet et malgré leurs fonctions bénéfiques l'empêcher d'acquérir une personnalité forte (dans le cas d'un nombre trop important d'aspects bénéfiques ou « harmoniques » bien entendu). On dit d'un aspect qu'il est « dissonant » ou que c'est un mauvais aspect quand deux planètes vont se trouver en situation de rivalité : elles sont inconciliables, elles créent un état de tension qui va obliger le sujet à résoudre le problème ainsi formulé par un effort personnel. Il passe des crises qui permettent, quand on les surmonte, l'éveil de la conscience. Le sujet doit s'affirmer, grandir.

On ne doit pas penser, aspect harmonique	= bon : dissonant = mauvais.

Ce serait faux, on ne doit pas juger un thème d'après un nombre d'aspects « dissonants » ou « harmoniques ». Un thème s'étudie globalement. Un aspect dissonant crée un climat de tension, le sujet se trouve en face d'une crise, d'un problème qu'il va devoir régler, mais cela peut lui permettre de s'affirmer par l'obligation pour lui de lutter. Les difficultés ne sont pas insurmontables et seul l'ensemble du thème nous permet, grâce aux aspects harmonieux ou aux planètes bien placées dans leur domicile (signe), de trouver les moyens de régler ce problème.

> Il est indispensable que vous ayez une réaction saine et réaliste en analysant un thème et vous ne pourrez pas évoluer si vous avez une attitude négative devant les aspects dissonants.

Les aspects : Dans la pratique, on représente les aspects de cette façon :

La conjonction	—•	distance de 0° à 10°
L'opposition	•—•	180°
Le Trigone	△	120°
Le Sextile	✱	60°
Le Carré	□	90°

Pour débuter, on ne se sert que des aspects majeurs. Les aspects dissonants, nous les relions d'un trait rouge ou, comme dans notre thème d'exemple, avec un trait en pointillé. Les aspects harmoniques en bleu, les conjonctions en bleu. Nous n'allons pas avoir dans un thème d'aspects exacts, nous aurons des écarts en deçà et en delà ; il est donc indispensable de connaître la limite que l'on accorde à l'ORBE (c'est le nom de l'écart, en astrologie).

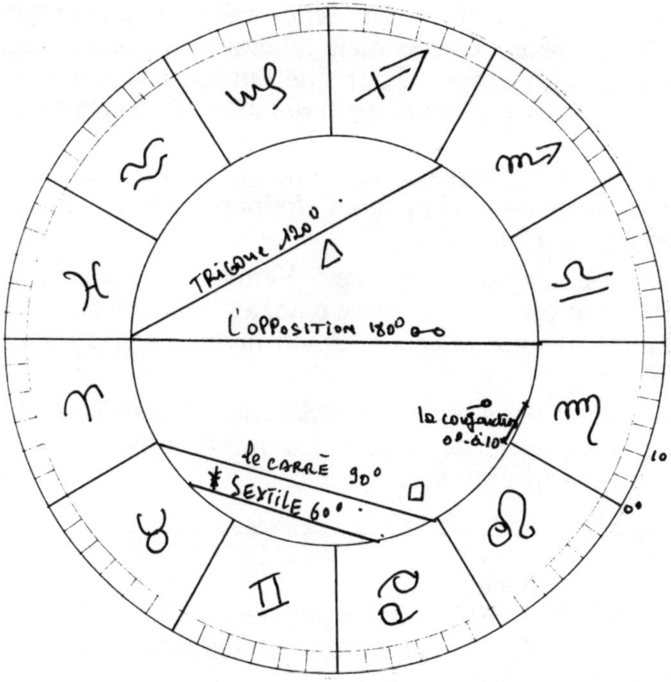

> *Retenons :* L'ASPECT, c'est l'écart entre deux planètes ou entre une planète et l'ASCENDANT ou le MILIEU DU CIEL.

***Thème d'exemple :* Observons les aspects que nous y trouvons.**

Etudions la CONJONCTION, elle indique la position de planètes se trouvant à côté l'une de l'autre (l'orbe permise est de 10°).

Dans notre thème, nous avons 10 conjonctions : « La conjonction est un aspect majeur important puisque la relation des planètes entre elles est extrêmement proche (elles sont collées l'une contre l'autre). Il n'y a aucune distance angulaire entre elles ; elles mêlent leurs énergies, il y a donc fusion, union, mais attention la conjonction ne signifie pas un accord. Pour que l'union soit favorable, il faut que les deux planètes aient des affinités. Si elles sont en bon terme, elles vont renforcer l'action. Celle-ci est positive, stimulante (extraversion des tendances). Si elles sont de natures opposées, elles vont freiner l'action et il y a inhibition, confusion. »

Exemple : Jupiter conjointe à Vénus : nous avons là une conjonction qui unit les deux planètes ; elle est favorable et bénéfique, chance affective, union favorable, vie financière favorisée, etc.

Exemple : Vénus conjointe à Saturne : Vénus sera obligée de se discipliner, de freiner ses impulsions : absence de passion, frustration affective, etc.

Rappelons-nous :
UNION = Extraversion des tendances positives
DÉSUNION = Inhibition et restriction des tendances.

Notons les conjonctions dans notre thème.

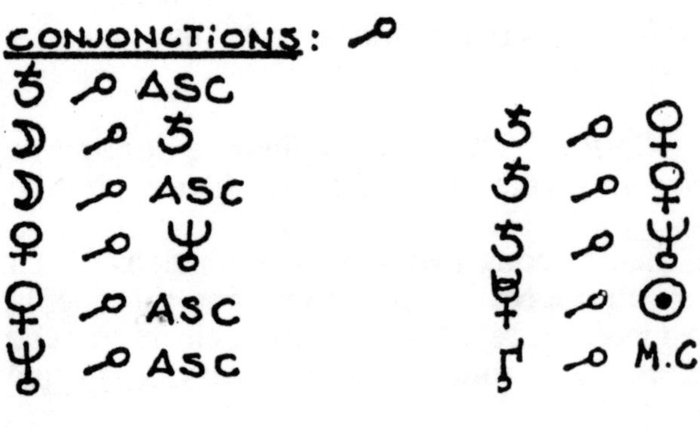

ÉTUDIONS L'OPPOSITION

Représentation graphique de l'opposition : ☍

Définition : L'opposition est l'écart entre deux planètes (ou entre une planète et l'Ascendant ou le Milieu du Ciel) de 180°. L'opposition partage le Zodiaque en deux (l'écart).
L'orbe autorisé est de 10° en deçà et au-delà.

Dans notre thème, nous n'avons pas de planètes en opposition. Les astres se trouvent dans cet aspect en face l'un de l'autre, c'est donc un aspect qui indique une dualité ; le sujet va être divisé ; il vit sur deux plans différents, d'où perte d'équilibre due à une tension très forte qui aboutit à une crise. Deux forces s'affrontent : le sujet lutte tantôt sur un point, tantôt sur l'autre. L'opposition va demander au sujet de perdre quelque chose pour arriver au but voulu, il doit lutter. Les expériences qu'il doit faire, même si elles peuvent lui paraître douloureuses, sont en fin de compte salutaires et enrichissantes. Dans un thème, les aspects harmonieux permettent de résoudre cette dualité.

Dans l'expérience, le sujet sent en lui la contradiction entre ce qu'il pense, ce qu'il fait et ce qu'il vit. Il sent les difficultés à établir un équilibre entre deux forces contradictoires ; il peut passer de « l'inertie à la fébrilité mentale », du besoin de passion, à celui de solitude, pulsion tantôt d'amour, tantôt de haine, etc. Je le rappelle, un aspect ne s'interprète pas seul, l'analyse du thème se fait globalement.

ÉTUDIONS LE TRIGONE

Représentation graphique du Trigone : △

Définition : Le Trigone est l'écart entre deux planètes (ou entre une planète et l'Ascendant ou le Milieu du Ciel) de 120°.

L'orbe autorisé est de 7° en plus ou 10° en moins. Pour la Lune et le Soleil.

Dans notre thème, nous avons trois Trigones :

Le Trigone indique le soutien qu'un astre apporte à l'autre astre ; il aide à soutenir le Carré et l'opposition. Les planètes établissent un dialogue, elles se complètent, elles s'apportent une aide d'une manière spontanée, elles vont permettre de s'adapter aux situations sans problèmes, dans un climat d'harmonie et d'équilibre.

ÉTUDIONS LE SEXTILE

Représentation graphique du Sextile : *

Définition : C'est l'écart entre deux planètes (ou entre une planète et l'Ascendant ou le Milieu du Ciel) de 60°.

L'orbe autorisé est de 4° en plus ou en moins et 6° avec les deux luminaires le Soleil et la Lune.

Dans notre thème, nous avons sept Sextile :

SEXTILES : ✶

♂ ASC
♃ ♅
♃ MC
♂ ♄
♂ ☽

Le Sextile est très positif ; il permet une liaison favorable entre deux planètes qui vont avoir le même but et le même objectif : « elles vont travailler en équipe ». C'est un aspect majeur de l'équilibre entre deux pôles, aspect de lucidité qui permet au sujet de développer son intelligence.

ÉTUDIONS LE CARRÉ

Représentation graphique du Carré : □

> *Définition :* Le Carré, c'est l'écart entre deux planètes (ou entre une planète et l'Ascendant ou le Milieu du Ciel) de 90°.
> L'orbe autorisé est de 6° en plus ou en moins.

Dans notre thème, nous avons neuf Carrés : □

CARRES : □

♆ MC	♄ MC	♅ ASC
♀ MC	♅ ♆	♅ ♄
ASC MC	♅ ♀	♃ ♉

L'opposition oblige le sujet à vivre et à dépasser une situation douloureuse mais qu'il ne comprend pas. Le Carré est un aspect de conflits intérieurs, de tensions, de difficultés qui forcent le sujet à prendre conscience des choses enfouies. Souvent inadaptation du comportement, déséquilibre qui pousse le sujet à franchir une étape en prenant conscience de ses difficultés. C'est un aspect créateur et dynamique. Imaginons un escalier qu'il faut monter. Chaque marche est pour le sujet une révélation de ce qu'il a en lui de caché, et qui émerge au cours d'une crise. C'est un aspect d'énergie : « On comprend la raison de nos efforts et de nos souffrances », il nous oblige à nous élever, tout être vit dans sa vie avec lui une perte d'équilibre puisque chaque jour il évolue, il change. Le Carré va actualiser cette perte d'équilibre et le sujet va acquérir la force pour régler son problème.

LES PLANÈTES DANS LES SIGNES

Etudions le Symbolisme de chaque planète.

En faisant parcourir à chaque planète chaque signe du Zodiaque, nous allons découvrir sa personnalité.

En effet, dans chaque signe, la planète apporte une note différente, une fonction particulière.

ATTENTION : Dans cet exercice, la logique devient plus importante que la mémoire ; le côté « par cœur » doit s'effacer.

Chaque portion planétaire dépend de l'ensemble du thème étudié ; mais avant d'acquérir cette vue d'ensemble, il faut nous familiariser avec le symbolisme et les définitions courantes.

Etudions chaque planète dans chaque signe : nous avons trois possibilités :

1° la planète est seule et ne forme aucun aspect ;

2° la planète forme avec une autre planète du thème un aspect *dissonant ;*

3° la planète forme avec une autre planète du thème un aspect *harmonique.*

> *ATTENTION :* Pour reconnaître les tendances que va donner la planète dans le signe, nous devons interpréter en tenant compte de l'exemple ci-dessous.

Exemple : Le Soleil en Bélier symbolise l'élan de soi à la conquête de la vie → indépendant, rapide, impulsif.

Imaginons que ce Soleil en Bélier forme un aspect dissonant →. Le sujet risque d'avoir des problèmes dus à son impulsivité, à sa rapidité : difficulté à se fixer, instabilité ou blocage de l'élan. Tous les côtés négatifs de l'aspect dissonant deviennent par opposition positifs dans l'aspect harmonique.

Rappelons-nous : Une planète en aspect harmonique met en vedette les côtés positifs des définitions ; une planète en aspect dissonant met en vedette les côtés négatifs des définitions.

LE SOLEIL

Le Soleil symbolise la personnalité du sujet. C'est la planète de l'homme, le « SOI », l'âme du thème, le début de la vie. Le Soleil se développe en passant dans les douze signes du Zodiaque. Il y vit douze expériences différentes.

L'endroit où se trouve le Soleil à la naissance sera souvent le lieu de l'expérience la plus personnelle, là où la personnalité va être mise en valeur. Il représente le principe masculin « Animus » : le mari, le père, le succès, la vie, la création, la spiritualité.

Le Soleil en Bélier : L'élan de soi à la conquête de la vie, indépendant, impulsif, rapide. Difficulté à se fixer sur un seul but. Enthousiaste.

Le Soleil en Taureau : Besoin de se fixer, de se stabiliser pour mieux posséder : coléreux, possessif, aimant son confort, assimile lentement mais sûrement.

Le Soleil en Gémeau : Besoin de contacts intellectuels avec l'entourage, rapide, nerveux, inquiet, cherche à savoir, sociable, entreprend plusieurs choses à la fois.

Le Soleil en Cancer : Besoin de la famille, de la mère, du passé, importance de l'hérédité : romantique, perméable à toutes les sensations (d'où importance de l'ambiance). Réagit en fonction de ce qu'il sent, lunatique.

Le Soleil en Lion : Le Soleil le plus personnel, singulier, autonome. Ambitieux, orgueilleux, aime que l'on aille vers lui, qu'on le reconnaisse, coléreux, donne pour le plaisir de donner.

Le Soleil en Vierge : Analyse après avoir vécu dans les signes précédents les expériences : susceptible, organisé, serviable, critique, anxieux, intellectuel, rien ne peut lui échapper, perfectionniste, se noie dans les détails.

Le Soleil en Balance : Rapport avec le collectif, les contacts, les associations, la paix à tout prix, besoin de s'associer, de partager, inquiet devant un choix, hésite, difficulté à se décider. Esthète.

Le Soleil en Scorpion : Position de la plaque tournante, peut-être le plus ou le moins évolué, mystérieux. Introspection, recherche dans les profondeurs. Agressif, sensible, émotif, ne suit pas le troupeau.

Le Soleil en Sagittaire : Abstrait, évolué, favorise les voyages intérieurs et extérieurs, ouvert sur le monde. Besoin de séduire, d'être aimé, cynique, naïf, idéaliste. Adore voyager, esprit de synthèse, goût du confort, gourmand.

Le Soleil en Capricorne : Arrive le moment où l'on s'établit, se réalise, où l'on atteint la maturité. Besoin de solitude, froid mais sensible. On affirme sa position sociale.

Le Soleil en Verseau : L'être va s'épanouir aux contacts des amis, des autres, des projets collectifs. Aime le groupe, l'amitié, les nouveautés. Indépendant, non possessif, social, sentimental, peu chaleureux, cérébral.

Le Soleil en Poisson : Pris entre deux eaux, subit l'influence des deux pôles. Réceptif à chacun d'eux. Ne peut s'installer, impressionnable, influençable. Difficulté à se définir, sensible et perméable à l'extérieur.

Exemple : Ouvrons une parenthèse avant de continuer à nous promener avec les planètes dans les différents signes. Imaginons la naissance d'un individu. Il est bébé. La *Lune* maîtresse du signe du Cancer représente la gestation, la mère. Le bébé n'est pas conscient. Les contacts qu'il a avec le monde, il les enregistre. Il va devoir se former pour exister, pour devenir cet être *solaire* qui en fera un individu structuré. Mais pour ce faire, il doit avoir des contacts avec les autres. *Mercure* va jouer ce rôle essentiel. Il a besoin d'aimer, de se lier, de vivre son affectivité, de s'attacher aux autres. *Vénus* joue ce rôle. Il doit s'affirmer. En le faisant, il est agressif, il se mesure aux autres afin de prendre sa mesure. *Mars* est là pour l'aider. Avec *Jupiter,* il va faire la synthèse du vécu et s'ouvrir grâce à l'assimilation et l'expansion de son « MOI » ; l'être pense spirituellement. *Saturne* va l'obliger à s'installer, à choisir, à juger, à abandonner, à rejeter ce qui n'est pas indispensable pour la route et les idées apprises par les autres. Il doit formuler sa propre pensée afin d'exister vraiment. Pensez toujours à votre adolescence. Rappelez-vous vos demandes, vos chagrins, vos joies, cela vous aide à vivre votre propre ciel intérieur et à mieux comprendre l'astrologie.

Cette parenthèse faite, continuons...

LA LUNE

La Lune : élément eau, maître et en domicile dans le signe du Cancer, en exaltation dans le signe du Taureau.

Symbolise la mentalité du sujet, son psychisme, son émotivité, l'enfance, la mère, la foule, les femmes, « l'Anima », maîtresse du signe du Cancer, la fécondité, la vie nocturne en nous.

Cette partie de l'enfance enfouie dans l'inconscient, « le moi le plus intime ».

L'endroit (le signe) où se trouve la Lune à la naissance du sujet nous renseigne sur son psychisme, sa sensibilité, son enfance qui dort en lui, la partie nocturne de son être, son inconscient, ses rêves, son imagination, ses rapports avec sa mère et les femmes.

La Lune en Bélier : La sensibilité est animale, instinctive, irréfléchie, impulsive, enfantine, primaire, irréaliste. L'imagination est exagérée.

La Lune en Taureau : On a pour objet des résultats pratiques, concrets, la sensibilité, la sensualité sont au service d'un but précis. Anxieux, affirme les tendances féminines et maternelles.

La Lune en Gémeau : Le sujet recherche des contacts nouveaux. Nerveux, émotif, plasticité du caractère. On joue un rôle, on est sensible au moment présent. Complexe de dualité.

La Lune en Cancer : Elle est dans son élément, amour du foyer. Les valeurs féminines maternelles et l'imagination peuvent être liées au passé, à l'enfance, à la mère.

La Lune en Lion : Indépendant, orgueilleux, aspiration à la grandeur, culte du « MOI », sens social, amour des enfants.

La Lune en Vierge : Inquiet, s'auto-analyse. Discipliné, sentiment d'infériorité, critique, méfiant, prévoyant, dévoré par le besoin de s'instruire.

La Lune en Balance : Cherche à collaborer par sa sensibilité à l'harmonie du couple ou à l'association. Sensibilité artistique. Besoin de coopérer.

La Lune en Scorpion : Critique, détruit, essaye de saisir sa véritable image. Pulsion agressive. Conflits intérieurs. Sensible sur le plan sexuel. Résonance psychique profonde.

La Lune en Sagittaire : Imaginatif, aimant les abstractions. Conformiste avec des besoins d'évasion, philosophe expansif, « s'exprime par des images », scrupuleux dans les affaires d'intérêts.

La Lune en Capricorne : Inquiet, dépressif, enfance souvent pénible, sensibilité refoulée ou disciplinée, fuite devant l'amour, sensation d'isolement, mentalité changeante.

La Lune en Verseau : Originalité, instabilité, indépendance, imagination sensible à tous les courants, altruiste mais capable de froideur. Domine sa vie instinctive et peut la spiritualiser.

La Lune en Poisson : Grande sensibilité, intuitif, perméable. A l'extrême visionnaire, aspire à l'infini, influençable, hésitant.

MERCURE

Mercure : maître en domicile dans le signe des Gémeaux et de la Vierge.

Symbolise l'intellect de l'individu. Il va lui permettre, en raisonnant et en analysant, de relier le « MOI » et le « SOI ». C'est le message des dieux dans la mythologie. Il est l'intermédiaire entre la pensée et l'instinct. Il aide par ses expériences l'individu à évoluer. Il est le maître de deux signes mentaux : le mental et les nerfs. En exil dans le Sagittaire et dans le Poisson. L'endroit où se trouve Mercure à la naissance du sujet nous renseigne sur son adolescence, ses études, son intelligence, son sens des échanges, sa communicabilité, sa sociabilité, sa facilité d'adaptation en fonction de ce qu'il sent de l'intérieur et de ce qu'il reçoit de l'extérieur.

Mercure en Bélier : Intellect spontané. Ne va pas en profondeur. A du flair, intuitif, agit par coup de tête. Inventif et novateur.

Mercure en Taureau : Intellect qui a besoin de réalisation concrète, lent, besoin de comprendre pour retenir et retient la leçon des choses. S'exprime avec les mains. Besoin de toucher.

Mercure en Gémeau : Curiosité intellectuelle. S'éparpille, mobilité, habilité. Esprit léger, passe son temps à s'informer, spirituel, humoriste, critique.

Mercure en Cancer : Intelligence sensorielle qui se développe en fonction de son environnement, de son émotivité. Fantasque, perméable à l'ambiance dans laquelle il a grandi.

Mercure en Lion : Lucidité, veut connaître pour réagir. Liberté d'expression, a tendance à penser que seules ses expériences comptent. Fier de ce qu'il sait et l'exprime.

Mercure en Vierge : Intellect positif, sens critique, agit systématiquement, besoin d'analyser, d'assimiler en se référant à la raison, se perd dans le détail, efficacité, critique.

Mercure en Balance : L'intellect se met au service des rapports avec le collectif, arrondit les angles, diplomate, comprend vite, compare et écoute les deux points de vue, tolérant, ouvert.

Mercure en Scorpion : Intelligence curieuse, sonde, fouille dans les profondeurs (de l'inconscient collectif), réaliste, mordant, critique, flair développé. Découvre les mystères.

Mercure en Sagittaire : Intellect voyageur. Goût des idées abstraites, indépendant, philosophe, s'emballe, aime les contacts avec l'étranger, superficiel.

Mercure en Capricorne : Intellect à la recherche de l'essentiel. Profond, logique, raisonne, conduit les hommes, a le pouvoir sur eux parce qu'il domine ses émotions, ses instincts, et prend ses distances. Méthodique.

Mercure en Verseau : Intelligence prométhéenne, innovateur, révolutionnaire, mobile, veut émanciper l'individu. Goût pour la nouveauté. Indépendant.

Mercure en Poisson : Intelligence perméable. Raison et intellect dépendent des sentiments. Communique sans toujours comprendre (intuition visionnaire). Confus, irrationnel. Il dépend des courants.

VÉNUS

Vénus : maîtresse est en domicile dans les signes du Taureau, de la Balance ; exaltée dans le signe des Poissons.

Symbolise l'amour, l'affectivité du sujet ; elle régit les arts ; elle apparaît dès qu'il y a une relation affective (père, mère, famille...). En dissonance dans le thème, elle crée des difficultés, des névroses, avec toutes les conséquences d'une participation non vécue de la vie affective.

L'endroit où se trouve Vénus à la naissance du sujet nous renseigne sur la puissance d'aimer de celui-ci : l'expression de l'amour, la communication affective, le talent, les loisirs, la vie artistique, l'attrait vers les autres, vers l'autre sur le plan des sentiments.

Vénus en Bélier : Le cœur s'emballe, se passionne. Impulsivité des sentiments, prédisposé aux coups de foudre, besoin de conquête renouvelé.

Vénus en Taureau : La planète est chez elle. Puissance des sentiments. Possessif, sensuel, aime l'art, l'amour s'installe lentement. S'attache, jaloux, se concentre sur ce qui est concret.

Vénus en Gémeau : On aime flirter, on est curieux de sensations inconnues, cérébral, instable, émotif, anxieux. Peut avoir plusieurs amours à la fois.

Vénus en Cancer : Influençable, tendre, doux, romantique, à la recherche de l'âme sœur. Peut être lunatique et capricieux.

Vénus en Lion : Besoin qu'on lui rende hommage, passion totale, idéaliste, goût du luxe, attention à ne pas le vexer. Il est susceptible.

Vénus en Vierge : Sensualité cérébrale, analyse si vraiment cela vaut la peine de se donner. Sensibilité refoulée. Peur de perdre la tête. Se contrôle en comptabilisant.

Vénus en Balance : Ne pense qu'à former un couple. Artiste, aimant, raffiné, hésite devant l'amour, pas de passion qui n'aboutisse à une reconnaissance sociale. Horreur des excès.

Vénus en Scorpion : Type même de l'amour passion, mélange haine et amour, forte sensualité, besoin d'enfanter sur tous les plans, jaloux, tourmenté.

Vénus en Sagittaire : Besoin de grandes envolées liées à un idéal moral, déteste la médiocrité affective, impulsions affectives.

Vénus en Capricorne : Affectif mais peur d'aimer, grave, sérieux, sur la défensive, fidèle, ne tombe pas amoureux. Répression des sentiments.

Vénus en Verseau : Sentimental et cérébral, tourné vers l'humanité. Pas très jaloux. Amitié amoureuse. L'amour est lié aux échanges intellectuels et à la communication des idées. Souvent union libre.

Vénus en Poisson : Perméable à tous les courants, sensibilité envahissante, espérances utopiques. Romanesque, passe de l'enthousiasme à l'angoisse d'aimer. Don de soi. Goût pour le sacrifice.

MARS

Mars : élément feu, en domicile dans les signes du Bélier, du Scorpion et du Capricorne ; en exil dans le signe de la Balance ; en chute dans le signe du Cancer.

Symbolise l'énergie initiale qui projette l'individu dans la vie où il aura à se mesurer aux autres. Mars va lui donner le courage, l'impulsivité, les valeurs instinctives, le goût de la lutte. Il lui permet de manifester ses instincts en affirmant son pouvoir, son énergie. Mais il peut rendre cette agressivité indispensable à l'être. Un peu destructive, Mars est la planète qui symbolise la virilité.

L'endroit, le signe où se trouve Mars à la naissance du sujet nous indique sur quel front il combat pour s'imposer face aux réalités (l'agressivité saine qui permet la réalisation du sujet). Mars symbolise la passion du sujet, ses luttes, ses conquêtes, ses réalisations par l'obligation d'agir, de se mesurer aux autres à l'extérieur.

Mars en Bélier : Chez lui, il va droit au but ; il est impulsif et pas très diplomate. Il s'exprime en attaquant le monde extérieur. Il aime l'action.

Mars en Taureau : Les élans sont ralentis ; mais le sujet est obstiné et tenace dans l'action. Si on lui marche sur les pieds, attention à la colère du Taureau car il devient instinctif et réagit avec passion.

Mars en Gémeau : Adore les discussions, les polémiques. Tranchant, il se bat pour ses idées. Tout en nervosité. Esprit vif.

Mars en Cancer : L'énergie va dépendre des états d'âme, de l'ambiance. Peur d'agir mais sait se défendre. L'agressivité peut être passive. Ne désarme pas.

Mars en Lion : Puissance d'action, combativité, enthousiasme, goût de l'héroïsme. Le « MOI » dispose d'une puissance agressive qu'il utilise plus ou moins bien. Peu de souplesse.

Mars en Vierge : Energie surtout nerveuse, analyse les idées amassées, critique, peut avoir des réactions affectives très violentes. Violence rentrée mais existante.

Mars en Balance : L'astre est soumis à la puissance de Vénus. Il est « dévirilisé ». Manque de combativité. Impuissant. Peut s'harmoniser et donner une ouverture nouvelle aux associations.

Mars en Scorpion : L'agressivité à l'état pur. Peut se mettre au service d'une passion, d'un combat. Entraînant ce signe dans les profondeurs, l'amène à prendre conscience que la violence peut l'amener à se réaliser positivement ou, dans le négatif, à se détruire.

Mars en Sagittaire : Exalte des idées, besoin d'un but pour agir. L'agressivité est au service des principes philosophiques. Entraîne vers les actions idéologiques.

Mars en Capricorne : Action avec objectif à longue portée. Fort dans le signe. Goût des grandes entreprises, costaud, dur comme du roc. Volonté qui ne s'adapte pas aux situations, elle les domine.

Mars en Verseau : L'agressivité et l'action sont mobilisés pour les buts humanitaires. Déteste la guerre. Conquête des idées pour les autres et conquête spirituelle.

Mars en Poisson : Passe de l'action à la passivité. Agressivité chaotique mais envahissante. Elle peut être l'occasion de révolte contre les courants qui l'entraînent.

JUPITER

Jupiter : élément feu. En domicile dans les signes du Sagittaire et des Poissons ; exalté dans le signe du Cancer ; en exil dans le signe des Gémeaux ; en chute dans le signe du Capricorne.

Symbolise l'expansion, la croissance, le pouvoir de s'intégrer au monde, d'acquérir. Son sens du jugement lui permet d'assimiler et de s'approprier les valeurs que le monde possède. Il représente la chance, l'affectivité, le besoin des autres, l'enthousiasme, le sens de l'organisation.

L'endroit, le signe où se trouve Jupiter à la naissance du sujet nous renseigne sur ses possibilités d'expansion, de chance, d'enthousiasme, de synthèse, d'unité entre l'instinct et la raison, de passion et de réflexion, d'épanouissement affectif, de tendances oblatives, de don de soi, de réussite du sujet.

Jupiter en Bélier : Enthousiaste, indépendant, impulsif, irréfléchi, épanoui, il humanise ce signe.

Jupiter en Taureau : Conservateur, il va développer les biens matériels et s'enrichir. Expansion de l'avoir, de la sensualité, du goût de vivre. Chance en matière financière.

Jupiter en Gémeau : Il peut donner le talent littéraire, la réussite des études, l'habileté diplomatique. L'expansion de Jupiter se fait grâce aux ouvertures qu'apportent Mercure. Relations, études, écrits sont favorisés. Dans ce signe, l'astre est moins puissant.

Jupiter en Cancer : Expansion des valeurs familiales. Il aime le confort matériel. L'imagination est féconde et permet la croissance de l'émotivité.

Jupiter en Lion : L'ambition s'affirme avec loyauté et générosité. Le « MOI » exige de représenter quelque chose. Il a besoin de triompher : orgueil et prestige.

Jupiter en Vierge : Expansion des affaires pratiques, sens moral, valeur bourgeoise classique, aide au développement intellectuel, sens de la mesure.

Jupiter en Balance : L'expansion se fait par l'association, l'union, les relation sociales. Souplesse et adaptabilité : il peut être opportuniste.

Jupiter en Scorpion : Permet d'augmenter les biens de l'association et aide à guérir les troubles psychiques. Instinct créateur, pulsion vitale, « magnétisme constructif ».

Jupiter en Sagittaire : Expansion des tendances philosophiques ou spirituelles, bonté, générosité, intérêt pour tout ce qui représente la légalité. Enthousiasme lié à des projets idéalistes, sens de l'autorité.

Jupiter en Capricorne : Il sait organiser, gouverner. Désir de position, d'ambition sociale. Les élans sont constructifs, imposent à celui-ci une méthode et l'obligent à approfondir les idées générales.

Jupiter en Verseau : L'expansion se met au service des mouvements humanitaires. Autorité libérale, attrait et aide aux mouvements collectifs, politiques.

Jupiter en Poisson : Philantrope charitable. Expansion illimitée, « exalté », sensible, inconscient, fécond, mécène.

SATURNE

Saturne : élément terre. En domicile dans les signes du Capricorne et du Verseau ; exalté dans le signe de la Balance ; en exil dans les signes du Cancer et du Lion ; en chute dans le signe du Bélier.

Symbolise la profondeur, la réflexion, le renoncement que le sujet doit accepter, le retrait qui va lui permettre de prendre conscience de ses devoirs, de ses pouvoirs. Saturne oblige le sujet à mûrir, à se détacher et à se réaliser intérieurement. Planète formatrice qui permet la formation de l'être humain « archétype du père ».

L'endroit, le signe où se trouve Saturne à la naissance du sujet nous renseigne sur l'évolution de celui-ci, ses expériences formatrices, sa structure de vie, la manière dont il va s'y prendre pour couper le cordon ombilical. Comment va-t-il se détacher des choses inutiles ? Ses renoncements, le chemin à faire pour atteindre la maturité.

Saturne en Bélier : Oblige le Bélier à freiner ses impulsions, lui impose la discipline, l'oblige à s'auto-analyser, à réfléchir.

Saturne en Taureau : Accentue la lenteur et la persévérance. Puissance passive, entêtée. Les objectifs sont concrets. Tendance aux idées fixes.

Saturne en Gémeau : Oblige le Gémeau à une discipline intellectuelle, accentue le côté cérébral du signe.

Saturne en Cancer : La sensibilité du Cancer va être mise à rude épreuve : sevrage de l'émotivité, insensibilité ou hypersensibilité. Attrait pour le passé, l'histoire.

Saturne en Lion : Oblige le « MOI » au sacrifice, à l'austérité, à la prudence. Peut rendre le sujet tyrannique, ambitieux. Nature insatiable qui crée un risque d'échecs et d'épreuves si le « MOI » n'accepte pas de se sacrifier.

Saturne en Vierge : Répression de l'instinct. Signe et planète vont accentuer les tendances à l'inhibition. Prudence et stabilité, sévérité et méthode, concentration de l'intelligence. Economie et frugalité.

Saturne en Balance : Oblige le sujet à faire un choix, équilibre le jugement en faveur des autres. Intègre, il peut être un partenaire ou un associé sérieux.

Saturne en Scorpion : Freine l'impulsivité et discipline les instincts. Recherche de l'équilibre entre la prise de conscience et les pulsions de l'inconscient. Sagacité, sens stratégique.

Saturne en Sagittaire : Donne des responsabilités sur les plans philosophiques, spirituels, juridiques. Oblige à aller au-delà des idées générales. Impose une méthode.

Saturne en Capricorne : La planète est dans son signe. Concentration et réflexion sont à leur maximum. Valeur d'autorité, l'esprit mûrit dans la solitude, poursuit sa tâche sans relâche. On est le « CHEF », l'administrateur. Visée à longue portée.

Saturne en Verseau : On se bat pour des causes impersonnelles. La vie sociale est plus importante que la vie privée (hommes politiques ou hommes de partis), oganisations de mouvements humanitaires. Esprit scientifique.

Saturne en Poisson : Dans ce signe prédisposé à la retraite, à l'isolement, on peut s'y complaire. Positif s'il choisit une voie obligeant le sujet à des travaux isolés ou dans des lieux isolés (justice, laboratoire, hôpital, médecine...). Tendance aux sacrifices.

URANUS

Uranus : élément air. En domicile dans le signe du Verseau ; en exaltation dans le signe du Scorpion ; en exil dans les signes du Lion et du Taureau.

Symbolise les expériences antérieures de l'humanité, les connaissances innées, l'originalité, le goût des révolutions, les idées d'avant-garde, l'individualisme lié au collectif, le refus de la vie courante, l'importance du monde, la nervosité à haute tension.

L'endroit, le signe où se trouve Uranus à la naissance du sujet nous renseigne sur ce qui le différencie des autres ;

son originalité, son refus du conventionnel, ses conceptions des rapports avec l'universel, sa rapidité dans les décisions, son indépendance, son génie.

Uranus en Bélier : Impétuosité, veut tout réformer, idées révolutionnaires. C'est un pionnier, il s'attaque à l'immédiat. Goût de l'aventure, de l'invention, suractivité.

Uranus en Taureau : Entêté, obstiné, possessif, il peut se réaliser s'il rénove les idées acquises concernant les finances. Il manifeste son énergie en faveur d'un objectif concret.

Uranus en Gémeau : Originalité de l'intellect, adaptabilité. Importance des amis qui lui permet d'approfondir ses idées. Indépendance intellectuelle, idées progressistes et modernes et peu communes.

Uranus en Cancer : Imagination provenant de l'hérédité, susceptibilité, grande nervosité, excitabilité, il se révolte contre son milieu familial.

Uranus en Lion : Créateur ambitieux, indépendance dans le domaine des amours et de la création, goût pour la spéculation, nature brillante, don de séduire.

Uranus en Vierge : Ne se soumet pas à la routine. Novateur dans les domaines scientifiques, techniques, médicaux, sociaux. Grande nervosité mais toujours autodiscipline et rigueur.

Uranus en Balance : Peut compliquer la vie sociale par des bouleversements inattendus dans le domaine des associations, de l'union, de la légalité. Habileté artistique et originalité.

Uranus en Scorpion : Puissance de la personnalité, il va lutter pour rénover. Après avoir détruit, il reconstruit (début de la psychanalyse « Freud »). Il décèle les profondeurs psychiques. Remise en question des éléments sociaux. Démesure dans la passion. Tendance à la révolte.

Uranus en Sagittaire : Influence les conceptions et les connaissances supérieures. Voyages et recherches originales avec un but éducatif. Intérêt pour les autres pays et les horizons lointains.

Uranus en Capricorne : Le sujet détermine tôt le choix de sa carrière. Passionné, froid, ambitieux, esprit novateur qui peut servir dans les domaines scientifiques, administratifs, politiques, etc.

Uranus en Verseau : La Planète est dans son domicile. Le sujet lutte en faveur des réformes sociales, humaniste, dévoué, altruiste.

Uranus en Poisson : Recherche des idées pouvant s'affirmer dans le monde de l'illimité permet de découvrir une science, un art inconnu qui se révélera l'âme du sujet. Originalité de la pensée.

NEPTUNE

Neptune : élément eau. En domicile dans le signe des Poissons ; en exil dans le signe de la Vierge.

Symbolise la partie divine, l'illimité, la communion avec le monde, l'unité transcendentale, le sens humanitaire est vécu à son paroxysme. Hypersensible, intuitif, visionnaire, malléable, perméable à tous les courants. Risque d'illusion, de chaos, le sujet sent plus qu'il ne comprend.

L'endroit, le signe où se trouve Neptune à la naissance du sujet nous renseigne sur ses possibilités d'adhérer au monde humain ou spirituel, ses rêves, ses illusions, les situations confuses, sa malléabilité extrême, sa réceptivité à tous les courants. Le milieu familial jouera un rôle important compte tenu des tendances au chaos, à l'indifférence qu'apporte cet astre. On l'appelle aussi l'octave supérieur de Vénus.

Nous l'étudierons uniquement dans les signes de nos générations.

Neptune en Gémeau : Inspiration, idées géniales ; mental, émotif, sensible. Capte, sent, mais ne raisonne pas.

Neptune en Cancer : Mentalité hypersensible, fortes tendances psychiques, imagination fertile. Développe les valeurs maternelles du signe.

Neptune en Lion : Aimerait amener au sujet une nouvelle forme de pouvoir. Goûts et dons pour les arts. Risque d'illusions affectives.

Neptune en Vierge : Neptune symbolise l'illimité. Doit tenir compte du côté rationnel du signe de la Vierge.

Nouvelle orientation de la pensée en matière de travail (santé, médecine), facultés mentales raffinées.

Neptune en Balance : Idéalise toutes les formes d'associations. Les valeurs esthétiques s'expriment dans ce signe. Emotivité, peu de sens pratique. Pacifique.

Neptune en Scorpion : Protection des mondes supérieurs, recherche secrète, intuition profonde pour les problèmes de la mort et de la vie. Irréalisme, les abus sont fréquents (en cas de mauvais aspect : drogue, etc.).

Neptune en Sagittaire : Nouvelle forme de pensée concernant la spiritualité, la philosophie, les voyages lointains, nouvelles conceptions religieuses.

Neptune en Capricorne : Peu d'affinité entre l'astre et le signe. Le sujet peut trouver des orientations nouvelles en matière de politique.

PLUTON

Pluton : en domicile dans le signe du Scorpion et en exil dans le signe du Taureau.

Symbolise les forces instinctives en provenance du passé qui révèlent au sujet le pire et le meilleur qui est en lui, les choses enfouies. Il apporte avec lui des passions douloureuses, des crises qui vont bouleverser la vie du sujet. Il oblige à détruire et à reconstruire ; on l'appelle aussi l'octave supérieur de Mars. Après son passage, le sujet n'est plus le même, sa vie n'a plus le même sens.

L'endroit, le signe où se trouve Pluton à la naissance du sujet nous renseigne sur les grands bouleversements, ses grandes crises, ses saisons en enfer qui lui permettront de découvrir ses richesses profondes, la conscience de l'invisible, ses renaissances, ses métamorphoses.

Nous l'étudierons uniquement dans les signes de nos générations, cette planète ayant été découverte relativement récemment (à l'époque de Freud et au début de la psychanalyse).

Pluton en Gémeau (1884-1914) : Engage Mercure et le système nerveux. Influence de l'inconscient sur le mental.

Rend le sujet inquiet et l'oblige à une recherche intellectuelle qui va lui permettre de modifier les différents plans de contacts avec les autres (période où le surréalisme apparaît, l'écriture automatique, les nouveaux moyens de transports).

Pluton en Cancer (1914-1939) : Crises profondes concernant le psychisme, les relations affectives avec la famille, la sensibilité.

Pluton en Lion (1939-1957) : Oblige le sujet à s'affirmer, à modifier ses idées en matières d'éducation, d'union et de créativité.

Pluton en Vierge (1957-1972) : Engage encore Mercure et le système nerveux. Désordre psychique, angoisse, troubles mentaux et sociaux, sentiment de déséquilibre qui favorisant la rébellion des jeunes, leur sensation d'insécurité (signe qui symbolise la stérilité : inaugure le contrôle des naissances).

Pluton en Balance (1972-1984) : Dans ce signe vénusien à la recherche de l'harmonie, Pluton va remettre en question l'union, l'association, les relations avec les autres, les arts, la justice. Les bouleversements sont irréversibles et influencent toute une nouvelle génération.

Pluton en Scorpion (1984-1996) : Pluton rentre dans son signe, il va obliger le monde à se confronter à une situation de bouleversements, l'issue dépendra du choix humain et de son degré de conscience.

APPRENONS A MONTER UN THÈME

Nous avons fait connaissance avec les aspects et les planètes dans les douze signes du Zodiaque.

Prenons maintenant le livre des éphémérides des années 1950 à 2000 et, en fonction d'une date de naissance (notre exemple), sans tenir compte de l'heure ni du lieu de celle-ci, exerçons-nous à placer les planètes autour du Zodiaque.

1° Cachons le thème qui nous sert d'exemple.

2° Détachons une page avec un Zodiaque vierge. Prenons une feuille de papier et un crayon.

3° Refaisons ce thème ensemble.

Notre thème d'exemple a été calculé pour un natif né le 20 septembre 1952 (à Paris, à 8 h 15 le matin). Pour le moment, ne tenons compte ni de l'heure ni du lieu.

Ouvrons le livre, recherchons l'année 1952 et le mois de septembre. Nous retrouvons la même page que celle photocopiée pour vous ci-après.

SEPTEMBER 1952

DAY	EPHEMERIS SIDEREAL TIME	☉	☊	☽	☿	♀	♂	♃	♄	♅	♆	♇
	h m s	° ′	° ′	° ′	° ′	° ′	° ′	° ′	° ′	° ′	° ′	° ′
						LONGITUDE						
1 M	22 40 23.8	8♍29.7	20♒32.3	24♑25.5	20♌29.9	27♍ 7.4	2♐33.1	20♉51.7	13♎13.4	17♋18.7	19♎55.8	21♌45.4
2 T	22 44 20.3	9 27.8	20 29.2	9♒17.0	21 43.3	28 21.2	3 9.9	20 53.4	13 19.9	17 21.2	19 57.6	21 47.2
3 W	22 48 16.9	10 25.9	20 26.0	24 19.9	23 2.7	29 35.1	3 46.8	20 54.8	13 26.4	17 23.7	19 59.4	21 49.0
4 T	22 52 13.4	11 24.0	20 22.8	9♓26.2	24 27.6	0♎49.0	4 24.0	20 56.1	13 33.0	17 26.2	20 1.2	21 50.8
5 F	22 56 10.0	12 22.1	20 19.6	24 27.0	25 57.4	2 2.9	5 1.3	20 57.1	13 39.6	17 28.6	20 3.1	21 52.6
6 S	23 0 6.5	13 20.3	20 16.5	9♈13.5	27 31.8	3 16.7	5 38.9	20 58.0	13 46.2	17 31.0	20 4.9	21 54.4
7 S	23 4 3.1	14 18.5	20 13.3	23 38.8	29 10.0	4 30.6	6 16.6	20 58.6	13 52.9	17 33.4	20 6.8	21 56.1
8 M	23 7 59.7	15 16.7	20 10.1	7♉38.3	0♍51.7	5 44.4	6 54.4	20 59.1	13 59.6	17 35.7	20 8.7	21 57.9
9 T	23 11 56.2	16 15.0	20 6.9	21 10.2	2 36.3	6 58.3	7 32.5	20 59.3	14 6.4	17 38.0	20 10.6	21 59.6
10 W	23 15 52.8	17 13.3	20 3.7	4♊15.4	4 23.2	8 12.1	8 10.7	20 59.4	14 13.2	17 40.3	20 12.6	22 1.4
11 T	23 19 49.3	18 11.6	20 0.6	16 56.3	6 12.2	9 26.0	8 49.1	20R59.2	14 20.0	17 42.5	20 14.5	22 3.1
12 F	23 23 45.9	19 10.0	19 57.4	29 17.1	8 2.6	10 39.8	9 27.7	20 58.9	14 26.9	17 44.6	20 16.5	22 4.8
13 S	23 27 42.4	20 8.4	19 54.2	11♋22.3	9 54.2	11 53.6	10 6.4	20 58.3	14 33.8	17 46.7	20 18.5	22 6.5
14 S	23 31 39.0	21 6.9	19 51.0	23 16.8	11 46.7	13 7.5	10 45.3	20 57.6	14 40.7	17 48.9	20 20.5	22 8.3
15 M	23 35 35.5	22 5.4	19 47.9	5♌ 5.1	13 39.5	14 21.3	11 24.4	20 56.7	14 47.7	17 50.9	20 22.5	22 10.0
16 T	23 39 32.1	23 3.9	19 44.7	16 51.6	15 32.6	15 35.1	12 3.6	20 55.5	14 54.6	17 52.9	20 24.5	22 11.6
17 W	23 43 28.6	24 2.5	19 41.5	28 40.0	17 25.7	16 48.9	12 43.0	20 54.2	15 1.7	17 54.8	20 26.6	22 13.3
18 T	23 47 25.2	25 1.0	19 38.3	10♍33.4	19 18.6	18 2.7	13 22.5	20 52.6	15 8.7	17 56.7	20 28.6	22 14.9
19 F	23 51 21.7	25 59.7	19 35.1	22 34.2	21 11.2	19 16.5	14 2.2	20 50.8	15 15.7	17 58.6	20 30.7	22 16.5
20 S	23 55 18.3	26 58.3	19 32.0	4♎44.2	23 3.2	20 30.3	14 42.1	20 48.9	15 22.8	18 0.4	20 32.8	22 18.2
21 S	23 59 14.8	27 57.0	19 28.8	17 4.9	24 54.7	21 44.1	15 22.0	20 46.7	15 29.9	18 2.1	20 34.9	22 19.7
22 M	0 3 11.4	28 55.7	19 25.6	29 37.1	26 45.4	22 57.8	16 2.2	20 44.4	15 37.1	18 3.8	20 37.0	22 21.3
23 T	0 7 8.0	29 54.4	19 22.4	12♏21.7	28 35.4	24 11.6	16 42.5	20 41.8	15 44.2	18 5.5	20 39.1	22 22.9
24 W	0 11 4.5	0♎53.2	19 19.3	25 19.4	0♎24.6	25 25.4	17 22.9	20 39.0	15 51.4	18 7.1	20 41.2	22 24.4
25 T	0 15 1.1	1 52.0	19 16.1	8♐31.3	2 13.0	26 39.1	18 3.5	20 36.1	15 58.6	18 8.7	20 43.3	22 26.0
26 F	0 18 57.6	2 50.8	19 12.9	21 58.2	4 0.5	27 52.8	18 44.2	20 32.9	16 5.8	18 10.2	20 45.5	22 27.5
27 S	0 22 54.2	3 49.7	19 9.7	5♑41.2	5 47.1	29 6.5	19 25.0	20 29.6	16 13.0	18 11.7	20 47.6	22 29.0
28 S	0 26 50.7	4 48.6	19 6.5	19 40.7	7 32.8	0♏20.2	20 5.9	20 26.1	16 20.2	18 13.1	20 49.8	22 30.5
29 M	0 30 47.3	5 47.5	19 3.4	3♒56.5	9 17.6	1 33.9	20 47.0	20 22.4	16 27.5	18 14.5	20 52.0	22 31.9
30 T	0 34 43.8	6 46.5	19 0.2	18 26.9	11 1.5	2 47.6	21 28.3	20 18.5	16 34.7	18 15.8	20 54.1	22 33.4
						DECLINATION						
1 M	22 40 23.8	8N23.2	14S38.9	23S36.5	14N51.0	2N15.6	22S39.2	16N47.2	3S 7.3	22N42.6	6S17.3	22N42.1
4 T	22 52 13.4	7 17.5	14 41.9	6 31.7	14 9.1	0 43.3	23 0.7	16 47.8	3 15.1	22 41.7	6 19.5	22 40.7
7 S	23 4 3.1	6 10.7	14 45.0	13N29.9	12 59.0	0S49.3	23 21.1	16 48.0	3 23.1	22 40.8	6 21.6	22 39.4
10 W	23 15 52.8	5 3.0	14 48.0	26 1.4	11 24.3	2 21.9	23 40.2	16 47.7	3 31.2	22 40.0	6 23.9	22 38.1
13 S	23 27 42.4	3 54.4	14 51.0	26 19.0	9 30.3	3 54.3	23 57.9	16 47.0	3 39.4	22 39.2	6 26.1	22 36.9
16 T	23 39 32.1	2 45.2	14 54.0	16 10.7	7 22.6	5 26.0	24 14.2	16 45.8	3 47.6	22 38.5	6 28.5	22 35.8
19 F	23 51 21.7	1 35.6	14 57.0	0 27.9	5 6.3	6 56.9	24 29.0	16 44.1	3 55.9	22 37.8	6 30.8	22 34.7
22 M	0 3 11.4	0 25.6	14 60.0	15S50.6	2 45.7	8 26.5	24 42.1	16 42.0	4 4.2	22 37.2	6 33.2	22 33.7
25 T	0 15 1.1	0S44.6	15 2.9	26 35.4	0 23.6	9 54.4	24 53.4	16 39.4	4 12.6	22 36.7	6 35.7	22 32.8
28 S	0 26 50.7	1 54.7	15 5.9	24 38.5	1S57.5	11 20.4	25 3.0	16 36.4	4 21.0	22 36.2	6 38.1	22 31.9

Décodons l'éphéméride colonne par colonne :

1° = 60 mn	1 signe = 30°

1re colonne : day → le jour du mois.
2e colonne : sidéral time → h = heure
m = minute
s = seconde

Nous reviendrons plus tard sur cette colonne pour calculer l'emplacement des maisons.

3e colonne : le Soleil → position du Soleil en degrés, minutes et secondes.
4e colonne : le nœud du dragon →.

Lorsque l'on débute en astrologie, l'étude de cette colonne n'est pas indispensable. Après avoir assimilé l'étude de ce livre, on peut alors aborder d'autres ouvrages plus complexes qui développent entre autres le « nœud du dragon ».

5e colonne : La Lune → position de la Lune en degrés, minutes, secondes.
6e colonne : Mercure → position de Mercure en degrés, minutes, secondes.
7e colonne : Vénus → position de Vénus en degrés, minutes, secondes.
8e colonne : Mars → position de Mars en degrés, minutes, secondes.
9e colonne : Jupiter → position de Jupiter en degrés, minutes, secondes.
10e colonne : Saturne → position de Saturne en degrés, minutes, secondes.
11e colonne : Uranus → position de Uranus en degrés, minutes, secondes.
12e colonne : Neptune → position de Neptune en degrés, minutes, secondes.
13e colonne : Pluton → position de Pluton en degrés, minutes, secondes.

Notons la position des planètes dans le Zodiaque. La Lune est un astre qui va très vite et nous devons pour elle seule dans l'immédiat tenir compte de l'heure de naissance du sujet. La Lune avance approximativement de 1° toutes les deux heures ; la naissance du natif étant à 8 h 15, nous ajoutons donc 4° de plus à la position de la Lune. Les astrologues sont très précis en ce qui concerne les calculs des emplacements des planètes mais puisque nous débutons en astrologie, nous allons simplifier. Prenons notre Zodiaque et notons sur une feuille de papier l'emplacement des planètes le 20 septembre 1952.

Lisons le 20 septembre 1952 :

1

1re colonne :	day (rien, c'est le jour).
2e colonne :	on ne s'en occupe pas pour l'instant.
3e colonne :	le Soleil est à 26° 58 mn (nous ne tiendrons pas compte des secondes) dans le signe de la Vierge (chaque signe couvre 30°).
4e colonne :	on ne s'en occupe pas.
5e colonne :	la Lune (rappelons-nous : nous devons ajouter 4° ; elle est à 4° + 4° = 8°) LUNE à 8° en BALANCE.
6e colonne :	MERCURE à 23° en VIERGE.
7e colonne :	VÉNUS à 20° en BALANCE.
8e colonne :	MARS à 14° en SAGITTAIRE.
9e colonne :	JUPITER à 20° en TAUREAU.
10e colonne :	SATURNE à 15° en BALANCE.
11e colonne :	URANUS à 18° en CANCER.
12e colonne :	NEPTUNE à 20° en BALANCE
13e colonne :	PLUTON à 22° en LION.

Maintenant, plaçons nos planètes autour du Zodiaque au crayon et puis comparons avec le résultat ci-dessous:

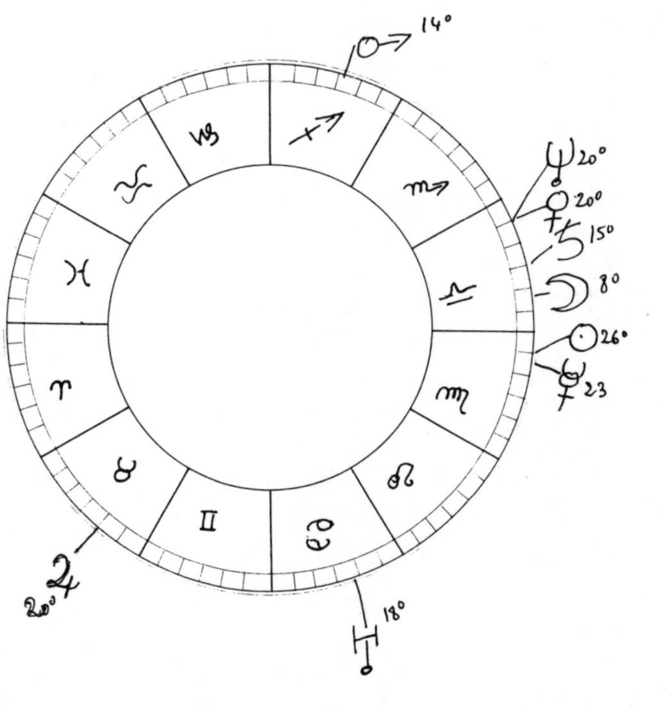

LES MAISONS, LEURS SIGNIFICATIONS

Les maisons sont indispensables à l'interprétation d'un thème ; elles sont au nombre de douze et vont nous permettre de comprendre le comportement du sujet vis-à-vis des autres, de son travail, de sa famille, de l'argent, etc. Elles représentent l'expression du sujet dans sa vie de tous les jours. Là encore, le sujet vit douze champs d'expériences, il aime comme un Bélier, il travaille avec l'esprit d'analyse de la Vierge, etc. Il faut apprendre et retenir que chaque maison doit être étudiée en tenant compte de la maison qui lui est opposée : elles *FORMENT UN TOUT*.

Rappelons-nous	:	Maison I opposée à Maison VII
	:	Maison II opposée à Maison VIII
6 AXES	:	Maison III opposée à Maison IX
	:	Maison IV opposée à Maison X
	:	Maison V opposée à Maison XI
	:	Maison VI opposée à Maison XII

Les maisons ont un numéro ; deux seulement ont un nom :

Maison I : son nom est l'*ASCENDANT* (abréviation *ASC.*).
Maison X : son nom est le *MILIEU DU CIEL* (abréviation *MC.*).

La position des maisons dans un thème se calcule en prenant l'heure de la naissance et le lieu où le sujet est né.

Maison I (ou Ascendant) : Elle correspond au signe du Bélier et représente le monde du « MOI », le physique du sujet, ses tendances, sa personnalité profonde, son caractère (nous l'étudierons comme le Soleil).

En face la

Maison VII : Elle correspond au signe de la Balance et représente le monde du « MOI » lié aux autres, la vie en commun, les associations, le mariage, les contrats, les procès, le monde du complémentaire.

> *Résumons :*
>
> Maison I ou ASC. = MOI.
> Maison VII = LES AUTRES.

Maison II : Elle correspond au signe du Taureau et représente les finances, les biens, le monde de l'avoir, les possessions matérielles, l'argent que l'on gagne, la manière dont on vit sa relation avec cet argent.

En face la

Maison VIII : Elle correspond au signe du Scorpion et représente la mort, les héritages, les legs, l'argent du conjoint, les pertes sous toutes leurs formes, la dépendance matérielle, la sexualité, la mort qui oblige le sujet à abandonner les biens terrestres, les grandes transformations, les mutations psychiques.

> *Résumons :*
>
> Maison II = L'ARGENT QUE JE GAGNE.
> Maison VIII = L'ARGENT QUI ME VIENT DES AUTRES.

Maison III : Elle correspond au signe des Gémeaux et représente les rapports avec l'entourage immédiat (les frères, les sœurs), l'adolescence, les études, la pensée concrète, les déplacements, les écrits, les mouvements qui permettront à la pensée d'évoluer sur l'extérieur, sur les relations avec les autres.

En face la

Maison IX : Elle correspond au signe du Sagittaire et représente les rapports avec les facultés supérieures, les grands voyages, les hautes études, l'étranger, l'élévation de la pensée, la pensée désintéressée.

> *Résumons :*
>
> Maison III = LA PENSÉE PRATIQUE.
> Maison IX = LA PENSÉE SUPÉRIEURE.

Maison IV : Elle correspond au signe du Cancer et représente l'hérédité, le foyer familial, la petite enfance, les origines du sujet, son sens de la famille, ses rapports avec elle, son goût pour le foyer, la fin de sa vie.

En face la

Maison X (ou Milieu du Ciel) : Elle correspond au signe du Capricorne et représente la maturité, la position sociale que l'on acquiert, la vie sociale, le destin extérieur, les objectifs sociaux, la carrière, la réputation, le désir d'élévation.

> *Résumons :*
>
> Maison IV = L'ENFANCE DU « MOI ».
> Maison X ou M.C. = LA MATURITÉ, LA RÉALISATION DU « MOI ».

Maison V : Elle correspond au signe du Lion et représente les amours, les plaisirs, les jeux, la spéculation, les enfants, la vie sentimentale, la création, la détente.

En face la

Maison XI : Elle correspond au signe du Verseau et représente les amis, l'amitié, les relations, les projets, les protections, les appuis, la confiance.

> *Résumons :*
>
> Maison V = LA VIE SENTIMENTALE.
> Maison XI = LA VIE AMICALE.

Maison VI : Elle correspond au signe de la Vierge et représente le travail, les contraintes liées à celui-ci, les servitudes domestiques, les événements quotidiens, les petites maladies, la santé, les animaux, les obligations journalières qui forment le caractère en nous apprenant à être patient.

En face la

Maison XII : Elle correspond au signe des Poissons et représente les épreuves du « MOI », les choses cachées, les maladies chroniques, les sacrifices moraux ou physiques, l'obligation de souffrir pour se réaliser, l'endroit où l'on se retrouve seul exilé, où l'on fait retraite.

> *Résumons :*
>
> Maison VI = LES ÉPREUVES DU « MOI » DANS LA VIE QUOTIDIENNE.
> Maison XII = LES GRANDES CRISES, LES ÉPREUVES QUI NOUS OBLIGENT A VIVRE SEUL.

COMMENT CALCULER LEUR POSITION

Calculons l'emplacement des maisons dans le thème du sujet né le 20 septembre 1952, à Paris, à 8 h 15.

	heures	minutes	secondes
Heure de naissance	08	15	00
Référons-nous à la page 19 (heure légale du 20 septembre 1952) : nous constatons que nous devons soustraire 1 heure	− 01		
TEMPS SIDÉRAL RECTIFIÉ	= 07	15	00
Ajoutons maintenant le chiffre correspondant à la longitude de la ville de Paris (page 21)	+ 00	09	21
Dans la 2e colonne des « éphémérides », à la date du 20 septembre 1952 (page 125), nous lisons : 23 55 18 (temps sidéral), chiffre que nous ajoutons à celui du temps sidéral rectifié et à celui de la longitude de la ville de Paris	+ 23	55	18
	= 30	79	39

Résumé :
Heure de naissance − heure légale = temps sidéral rectifié.
Temps sidéral + longitude de la ville + temps sidéral = heure de base de calcul (pour trouver l'emplacement des maisons).

Nous avons donc obtenu le chiffre 30 h 79 mn 39 s auquel nous allons soustraire 24 heures.

Règle : Lorsque le chiffre obtenu par l'addition des chiffres de l'heure légale, de la longitude de la ville et de l'heure sidérale dépasse en heures le chiffre 24, il faut alors soustraire le chiffre 24.

Dans notre exemple :

30 h 79 mn 39 s − 24 h = 6 h 79 mn 39 s
soit 7 h 19 mn (79 mn = 1 h 19 mn)

C'est l'heure qui va nous permettre de trouver l'emplacement des maisons. Prenons le petit carton « Calendrier des Maisons astrologiques », on ne s'occupe ni des mois ni des jours. Notre objectif, c'est *l'heure.* Cherchons la ligne qui correspond à 7 h 19 mn (on ne s'occupe pas des secondes) dans le « temps sidéral » ; on prend alors l'heure et les minutes qui se rapprochent le plus de l'heure que l'on cherche, soit 7 h 20 mn. Remontons et regardons ce qui est écrit en haut de la colonne M.C. Cancer ; donc, on note *M.C. 19 en Cancer ;* on continue dans la colonne à côté ; on regarde d'abord en haut, on voit inscrit XI et Lion ; on note *22 en Maison XI en Lion,* on continue *Maison XII 22 en Vierge,* on continue *ASC. 15° en Balance, Maison II 12° en Scorpion, Maison III 12° en Sagittaire.* Prenons un Zodiaque vierge et inscrivons les Maisons avec un crayon rouge : M.C., ASC., Maison IV, Maison VII.

Nous avons les calculs pour six maisons sur douze. Rappelons-nous qu'elles s'opposent deux à deux comme les signes.

Notons l'emplacement des Maisons :

Maison X M.C. 19° en Cancer en face Maison IV 19° en Capricorne.
Maison XI 22° en Lion en face Maison V 22° en Verseau.
Maison XII 22° en Vierge en face Maison VI 22° en Poissons.
Maison I ASC. 15° en Balance en face Maison VII 15° en Bélier.
Maison II 12° en Scorpion en face Maison VIII 12° en Taureau.
Maison III 12° en Sagittaire en face Maison IX 12° en Gémeaux.

Nous allons aussi installer les planètes dans le Zodiaque.

Faisons quelques exercices et calculons l'emplacement des maisons de plusieurs sujets nés à des dates et lieux différents.

Exemple :

Sujet né le 25 novembre 1942 à Lille, à 23 h 30 mn.

Regardons page 19 les heures légales en 1943. Nous constatons que du 4 octobre 1943 au 3 avril 1944, nous soustrayons 1 heure.

	heures	minutes	secondes
	23	30	00
	– 01	00	00
Le temps sidéral rectifié sera	= 22	30	00
Recherchons la longitude de Lille (page 21)	+ 00	12	15
Nous lisons sur nos éphémérides, à la date du 25 novembre 1943 : Sidéral Time (2e colonne)	+ 04	12	15
	= 26	54	30
	– 24	00	00
	= 02	54	30

2 h 54 mn (nous ne tenons pas compte des secondes).
Prenons le calendrier Muchery à 2 h 55 mn.
Nous lisons : M.E. 16 en Taureau ;
XI 23 en Gémeau ;
XII 28 en Cancer ;
ASC 23 en Lion ;
II 17 en Vierge ;
III 13 en Balance.

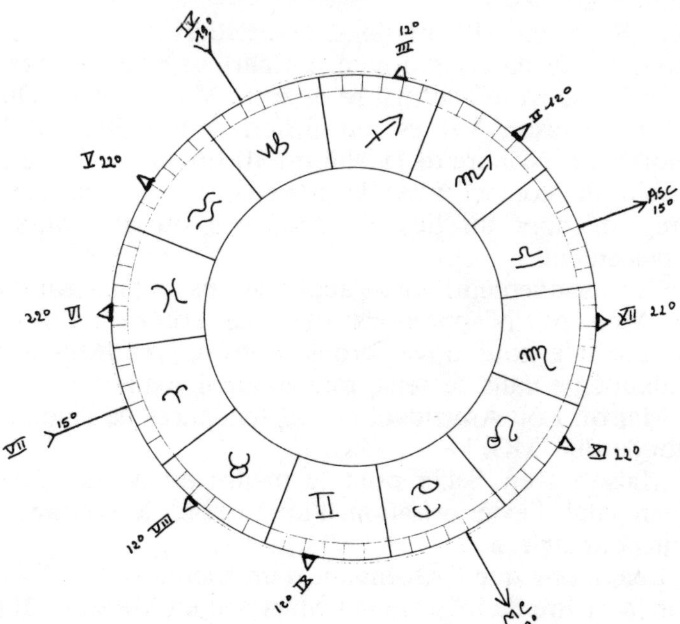

Calculons :

Sujet né le 12 mars 1929 à Lyon (69) à 22 heures.
Sujet né le 6 septembre 1962 à Nice (06) à 12 heures.
(Solutions page 204.)

LA SIGNIFICATION DES MAISONS DANS LES SIGNES

Reprenons le thème qui nous sert d'exemple : nous constatons que certaines maisons sont inoccupées (aucune planète ne les anime). Exemple : la Maison VII qui est à 15° du Bélier (notons qu'en astrologie, la pointe d'une Maison s'appelle « cuspide »). Des déductions intéressantes seront faites ultérieurement concernant ces maisons en tenant compte du signe du Zodiaque qu'elles occupent et la position du (ou des) maître(s) de cette maison vide (nous étudierons dans les pages suivantes la signification de cette Maison en Bélier).

1° Bélier en VII : mariage, association, contrat sont faits sur le mode de l'impulsivité. Le partenaire est énergique.

2° Où se trouve le maître de cette Maison VII ? Qui est-il ? La Maison VII est en Bélier, son maître est Mars, celui-ci est locataire de la Maison III (maître de VII en III) : besoin de contact avec le partenaire, mariage qui peut être fait hors du lieu de résidence ou au cours d'un déplacement.

Ce raisonnement, nous l'appliquerons en analysant toutes les Maisons. N'apprenons rien par cœur ; au fur et à mesure que nous travaillerons, nous apprendrons à réagir nous-même dans ce sens, tout naturellement.

Maison I ou Ascendant : « Les tendances de l'individu, le monde du "MOI" ».

Maison I en Bélier dont le maître est Mars : l'énergie, l'élan vital, l'extériorisation, l'impulsivité, le courage. « On agit pour agir. »

Imaginons que l'Ascendant d'un thème soit en Bélier et que le maître de l'Ascendant Mars soit en Maison VII (il est locataire de cette Maison). Le monde du « Moi » travaille à s'associer, il se met à la disposition de l'autre, des autres. Importance des associations, des contrats de l'union. Ensuite, nous devons analyser dans quel signe Mars se trouve, les aspects qu'il forme avec les autres planètes. N'allons pas si vite, retenons que le sujet ayant une Maison I (ASC.) en Bélier a les tendances de ce signe. Nous étudierons les maîtres des autres Maisons page 152.

Maison I (ASC.) en Taureau, maître du signe Vénus. Confère les caractéristiques du signe du Taureau. Persévérant, ayant le goût de la possession, calme, lent. Voir le signe et la Maison où se trouve Vénus pour analyser plus sûrement la manière dont le sujet vivra son « MOI ».

Maison I (ASC.) en Gémeaux, maître du signe Mercure. Confère les caractéristiques du signe des Gémeaux. Extériorisation de l'activité mentale, nerveux, curieux, veut les choses immédiatement. Voir le signe et la Maison où se trouve Mercure.

Maison I (ASC.) en Cancer, maître du signe la Lune. Confère les caractéristiques du signe du Cancer. La Lune influence le « MOI ». Marqué par la mère, la famille, l'hérédité. Voir le signe et la Maison où se trouve la Lune.

Maison I (ASC.) en Lion, maître du signe le Soleil. Confère les caractéristiques du signe du Lion. Le « MOI » sera fier, orgueilleux, sûr de lui, il a besoin de s'affirmer, autoritaire. Voir le signe et la Maison où se trouve le Soleil.

Maison I (ASC.) en Vierge, maître du signe Mercure. Confère les caractéristiques du signe de la Vierge. Le « MOI » est intellectualisé, a besoin d'analyser, de sélectionner, de perfectionner, inquiet, tatillon, angoissé d'avoir oublié quelque chose, besoin de servir. Voir le signe et la Maison où se trouve Mercure.

Maison I (ASC.) en Balance, maîtresse du signe Vénus. Confère les caractéristiques du signe de la Balance. Le « MOI » va vouloir s'unir, s'associer, il va dépendre de l'autre, des autres, il va se confronter aux autres pour se situer. Voir le signe et la Maison où se trouve Vénus.

Maison I (ASC.) en Scorpion, maîtres du signe Mars et Pluton. Confère les caractéristiques du signe du Scorpion.

Le « MOI » va devoir fouiller, chercher les réponses aux mystères, il va se manifester au niveau de l'inconscient. Voir le signe et la Maison où se trouvent Mars et Pluton.

Maison I (ASC.) en Sagittaire, maître du signe Jupiter. Confère les caractéristiques du signe du Sagittaire. Le « MOI » va s'enthousiasmer, il est généreux, idéaliste, a le goût des voyages et le besoin d'expansion. Voir le signe et la Maison où se trouve Jupiter.

Maison I (ASC.) en Capricorne, maître du signe Saturne. Confère les caractéristiques du signe du Capricorne. Le « MOI » a les capacités pour s'organiser et l'autorité pour diriger. Les actes sont profonds et sérieux. Voir le signe et la Maison où se trouve Saturne.

Maison I (ASC.) en Verseau, maître du signe Uranus et Saturne. Confère les caractéristiques du signe du Verseau. Le « MOI » va affirmer son indépendance, son originalité ; les objectifs sont d'affirmer ses idées au travers des mouvements humanitaires. Voir le signe et la Maison où se trouvent Uranus et Saturne.

Maison I (ASC.) en Poissons, maîtres du signe Neptune et Jupiter. Confère les caractéristiques du signe des Poissons. Difficulté à vivre son « MOI », à l'affirmer ; toujours à l'écoute d'un monde intérieur, mystérieux et chaotique, ambivalent. Voir le signe et la Maison où se trouvent Neptune et Jupiter.

MAISON II EN SIGNES : « L'argent que je gagne »

II en Bélier : les finances sous le signe de l'élan. L'impulsivité, l'ambition et l'énergie vont servir à gagner de l'argent.

II en Taureau : le sujet a le sens de l'argent, des affaires, des finances. Argent gagné par des voies liées aux finances, aux affaires ou par une vocation artistique (chant, musique, etc.). Amour de l'avoir.

II en Gémeaux : argent gagné par les transactions, les écrits, la parole, les déplacements, aide de l'entourage, rôle d'intermédiaire, curiosités et divers moyens de gagner de l'argent par des occupations multiples.

II en Cancer : le sujet peut travailler dans son foyer. Importance d'un public, fluctuations des finances, intérêt pour l'argent venant du patrimoine.

II en Lion : le sujet s'affirme et domine par les gains qu'il gagne. Bénéfices par les affaires liées aux spéculations, aux jeux, à l'art. Protections.

II en Vierge : les gains sont gagnés par le service, la méthode, l'organisation. Le sujet prévoit en matière de finance, il peut se servir des techniques pour gagner sa vie, il travaille et il gagne de l'argent en s'occupant des autres, sens du devoir (médecin, etc.).

II en Balance : l'association, l'union apporte les moyens financiers. Gains par l'art ou les questions juridiques, commerce de luxe.

II en Scorpion : l'argent est gagné par des recherches scientifiques ou occultes (psychiatre, astrologue), ou liées à la chair, à la lutte avec la mort (médecin, chirurgien). Le sujet explore et exploite les côtés secrets des êtres ou des situations. Apreté aux gains.

II en Sagittaire : les voyages, l'étranger, la diplomatie, les affaires, les domaines politiques, religieux, ou une fonction libérale, permettant les succès financiers (exportation, enseignement, etc.).

II en Capricorne : le sujet obtient des biens matériels grâce à un travail méthodique et une gestion réaliste. Persévérance en ce sens (économe). Il accumule lentement les biens matériels.

II en Verseau : les projets liés aux relations, aux amis, le travail en équipe, le goût des inventions, les idées nouvelles, la politique, le cinéma, la publicité, etc., permettent de gagner de l'argent (on peut escompter un imprévu dans ce domaine.)

II en Poissons : le sujet a du mal à se situer dans cette maison matérielle. L'argent peut arriver facilement ou être d'origine secrète. Oscillations, générosité, duperie (voir le maître et la Maison dans lequel se trouve le maître du signe). Chance mais imprécision.

MAISON III EN SIGNES : « La pensée pratique »

III en Bélier : le mental est impulsif, l'intelligence n'accepte pas d'être contrôlée. Précipitation dans les écrits, les déplacements, la parole. « On discute. »

III en Taureau : l'intellect, le mental, les idées sont au service de solutions pratiques matérielles et financières. Voyages ayant des buts déterminés. « Lenteur et idées stables. »

III en Gémeaux : curiosité intellectuelle, souplesse du mental, importance des voyages, des écrits, de la parole, de l'entourage. Nervosité. « L'intelligence s'affirme. »

III en Cancer : l'intellect agit grâce à l'intuition, les rêves, la mémoire, le psychisme, l'entourage familial, l'influence. « Besoin de changer d'ambiance. »

III en Lion : l'entourage est brillant, idées larges, succès par les écrits, idées créatrices. « Le raisonnement est très personnel.)

III en Vierge : intelligence qui analyse, critique, esprit pratique (don pour la médecine). Minutie dans l'activité. Amour du détail qui peut limiter l'intellect. « Goût des études, grande nervosité. »

III en Balance : l'intellect est à la recherche de l'harmonie, de la stabilité ; le sujet sait comparer, il peut rencontrer le conjoint dans son entourage. « Bon pour les études juridiques, l'art. »

III en Scorpion : l'intellect est doué pour le raisonnement psychologique (psychanaliste, psychologie). Le sujet va au fond des choses, travaux de recherche en profondeur liés à la mort (chirurgien, criminologue), tendances instinctives très puissantes. « Les études sont faites en ce sens. »

III en Sagittaire : le sujet s'enthousiasme pour les grandes idées. Importance des déplacements à l'étranger. Idées indépendantes, études philosophiques. Il relie l'intellect rationnel à l'intellect irrationnel. « On fait la synthèse. »

III en Capricorne : concentration de la pensée. Intellect profond et concret, conservateur. Visée à longue portée. Déplacements rares mais importants. Etudes scientifiques, politiques, toutes études demandent de la profondeur et une juste vue des choses.

III en Verseau : l'intellect, les idées, le mental vont se tourner vers le progrès, la nouveauté. Conception novatrice, voyages par les moyens modernes, rapides, dons pour transmettre aux masses (radio, télévision, science fiction, etc.).

III en Poissons : difficulté à suivre des études, mental, imaginatif, inspiré, dédoublement de celui-ci. Médiumnité, changement dans les idées. Entourage instable, on voyage pour fuir. Intellect qui a besoin de solitude. Création isolée.

MAISON IV EN SIGNES : « L'enfance du "Moi", le foyer familial »

IV en Bélier : hérédité impulsive et énergique. Le sujet risque de s'emballer pour construire son foyer. Entourage et milieu familial tourmenté.

IV en Taureau : hérédité stable. Le sujet sait gérer le patrimoine. La famille peut aider le sujet financièrement (gestion terrain, immobilier, etc.).

IV en Gémeaux : hérédité instable, le foyer bouge. Changements de résidence, importance de l'entourage immédiat, des frères et sœurs. Hérédité intellectuelle.

IV en Cancer : importance de l'hérédité de la mère (maison qui se superpose à son signe). Importance de l'influence du foyer. Imagination. Regardons où se trouve la Lune maîtresse du signe.

IV en Lion : autorité masculine au foyer. Importance des enfants, les parents peuvent aider. Le foyer est l'endroit des plaisirs et de la joie.

IV en Vierge : la vie de famille peut être soumise à des exigences qui viennent des parents. Calcul et conditions de vie maladive au foyer. Hérédité pratique et intelligence. Le sujet apprend les règles de la vie dans le foyer.

IV en Balance : la vie sociale est importante, le sujet crée son foyer chez les autres. Mariages avantageux. Luxe et confort au foyer.

IV en Scorpion : hérédité passionnelle et critique, le sujet recherche au travers du foyer une réponse fondamentale à sa raison d'exister. Jalousie, discussion qui amène le sujet à s'interroger sur des plans inexplorés.

IV en Sagittaire : le sujet s'expatrie, il s'installe à l'étranger. Hérédité philosophique ou spiritualiste (enseignement).

IV en Capricorne : hérédité sérieuse et forte. La vie sociale ou la réalisation au travers de sa situation peuvent passer avant la vie au foyer. Le sujet atteint ses ambitions personnelles : avoir, immobilier, isolement.

IV en Verseau : Le sujet quitte brusquement le foyer familial, il est chez lui chez les autres. Il choisit sa famille chez les amis, instabilité au foyer. Vie passée chez les amis.

IV en Poissons : l'hérédité et l'influence maternelle rendent le sujet très sensible. Condition instable au foyer. Le sujet se sent sur une corde raide dans cette Maison. L'avenir lui fait peur.

MAISON V EN SIGNES : « La vie sentimentale, la créativité, les spéculations »

V en Bélier : l'amour est vécu d'une manière exagérée, passionnelle, impulsive, « la raison n'intervient pas ». Coutumier du coup de foudre.

V en Taureau : possibilité de création artistique. Le sujet est possessif dans sa façon d'aimer. Possibilité de spéculation financière.

V en Gémeaux : goût du flirt, amours multiples. Curiosité et instabilité. Plaisirs intellectuels ; le sujet peut être créatif dans les écrits, publications, etc. Les spéculations se font sur plusieurs plans.

V en Cancer : inconstance des amours, empreinte de la famille qui peut avoir une influence sur la créativité et l'imagination du sujet.

V en Lion : la maison et son signe se superposent. Ardeur et générosité, rayonnement idéal dans la manière d'aimer. Amour des enfants, intérêt pour le théâtre, etc. Spéculation.

V en Vierge : analyse les sentiments, l'amour est passé au crible de la raison, ne se laisse pas aller. A peur de s'imposer, froideur, plaisir scientifique ou intellectuel.

V en Balance : l'amour ne s'exprime qu'au travers de l'union, le couple, l'association. Intérêt pour l'art. Mariage d'amour. Raffinement et harmonie.

V en Scorpion : les sentiments sont excessifs. Possessif, passionnel, séducteur.

V en Sagittaire : idéalisation des amours, succès amoureux à l'étranger. Sens de l'éducation inné. Amour du sport et des jeux.

V en Capricorne : peu d'aventures. Contrôle du cœur et du pouvoir créateur. Patience, fidélité et constance. Voir différence d'âge en amour, peu d'enfants.

V en Verseau : la vie amoureuse n'est pas axée sur une seule personne. Amour lié à l'amitié, le cœur est inconventionnel, original. Créativité, dons dans les domaines d'avant-garde. Ruptures affectives fréquentes.

V en Poissons : fuite devant l'amour, peur de celui-ci, sacrifices affectifs. Très sentimental. Sublimation possible de l'amour en vue d'une création ou liée à un projet collectif. Alternative entre le déchirement et la joie d'aimer. Instabilité.

MAISON VI EN SIGNES : « Le Travail, la santé »

VI en Bélier : travail lié à la force, à l'impulsivité, au combat ; il est son patron. Maux de tête, inflammation, fièvre, tendances aux blessures par imprudence.

VI en Taureau : il travaille avec un but matériel précis et concret : l'argent (banque, finance, gestion immobilière, etc.). Persévérance et opiniâtreté dans le travail. Maux de gorge, intoxication alimentaire.

VI en Gémeaux : travail où la vie intellectuelle, les déplacements, les relations, les écrits, la parole jouent un rôle essentiel (journalisme, écrivain, commercial, etc.). Double vocation, instabilité de la situation. Tension nerveuse, maladie des bronches, surmenage mental.

VI en Cancer : le travail débouche sur un contact avec le public, tendance à servir sa famille (ou affaire familiale). Le sujet peut travailler chez lui. Travail qui met en contact avec le passé (antiquaire, etc.). Ennuis digestifs, angoisse.

VI en Lion : puissance, prestige, autorité dans le travail (théâtre, création, commerce de luxe, finance, etc.). Le sujet sert ce qu'il sent comme supérieur. Ambition réalisatrice. Tension artérielle, faiblesse cardiaque.

VI en Vierge : travail = service. Celui-ci est effectué avec méthode et esprit critique (scientifique ou lié au social) : infirmière, médecin, vétérinaire, assistante sociale, ingénieur, etc. Angoisse, ennui du système neuro-végétatif qui devient fragile.

VI en Balance : le travail est agréable, il met le sujet en contact avec les autres. Sens de la justice (commerce d'art, de luxe ou carrière d'orientation juridique). Insuffisance rénale.

VI en Scorpion : le sujet met son agressivité au service d'une profession. Capacités d'analyser, d'aller au fond des choses. Goût des difficultés. Job qui peut mettre en contact le sujet avec des lieux où la vie et la mort sont liées (chirurgien, juge d'instruction, psychiatre, etc.). Maladie génito-urinaire.

VI en Sagittaire : indépendance, idéalisme dans la manière de concevoir l'activité (politique, enseignement, diplomatie, import-export, religieux, juriste, etc.). Le travail a un rapport avec l'étranger. Faiblesse de la vésicule.

VI en Capricorne : travail lié au passé, à un certain conformisme, effort, patience et responsabilité dans la profession (politique, archéologie, fonction administrative, etc.). Problèmes arthritiques, rhumatismaux, osseux.

VI en Verseau : le sujet travaille dans le but de servir les autres dans les domaines liés à la collectivité. Indépendance, progrès inattendus dans la profession, originalité : télé, radio, Unesco, O.N.U., etc. Problèmes circulatoires et nerveux.

VI en Poissons : instabilité, indécision et inspiration dans le job (photographe, laborantin, etc.). Le sujet peut réussir dans l'hôtellerie. Problèmes avec les pieds, les nerfs.

MAISON VII EN SIGNES « Les autres »

VII en Bélier : l'union et l'association se font d'une manière impulsive et imprévue. « Partenaire énergique ».

VII en Taureau : besoin d'unions et d'associations stables, elles sont avantageuses financièrement. « Conjoint ferme mais entêté. »

VII en Gémeaux : instabilité des associations et de l'union ; celles-ci sont intellectualisées. Curiosités et envies de changements ne garantissant pas la solidité du couple.

VII en Cancer : importance de la vie publique. Conjoint capricieux. Importance de la fonction maternelle dans toutes formes d'unions. Mariage = foyer = vie de famille.

VII en Lion : « le partenaire doit être brillant » et avoir une forte personnalité. Mariage d'amour, importance de la progéniture.

VII en Vierge : les associations et l'union sont fortement intellectualisées et liées à l'intérêt ou à la raison. Le sujet peut rencontrer le conjoint dans le travail.

VII en Balance : excellente position pour tout ce qui concerne l'union et l'association, le sujet est fait pour être marié. Equilibre et harmonie dans cette maison, vie sociale et mondaine.

VII en Scorpion : la passion aboutit à l'union. Risque pour celle-ci dans la mesure où la transformation que le sujet vit pour son évolution ne sont peut-être pas comprises par le conjoint ou l'associé.

VII en Sagittaire : le mariage, les associations sont liés à l'étranger. Le sujet peut épouser un ou une étrangère qui est mentalement au-dessus de la moyenne. Le sujet idéalise l'union.

VII en Capricorne : le mariage peut être conclu tardivement ; l'union, l'association est sérieuse et met le sujet en face de responsabilités lourdes à porter. L'union peut être vécue comme une contrainte.

VII en Verseau : l'objectif est de rencontrer un ou une partenaire de forte personnalité, ayant le sens de la liberté et complémentaire sur le plan de l'amitié aussi bien que sur le plan des conceptions morales. Possibilités de séparations brusques. « Conjoint original ». Union libre.

VII en Poissons : deux possibilités d'union. En premier, risque de sacrifice, de désillusion et d'éloignement du conjoint. En deuxième, il connaît une difficulté à être réaliste dans le domaine de l'union et des associations et il vit la deuxième expérience en connaissant sa propre demande.

MAISON VIII EN SIGNES : « Héritages du sujet, argent venant des autres, inconscient et mort sous toutes ses formes, sexualité »

VIII en Bélier : la partie inconsciente va s'extérioriser. Action immédiate et concrète (héritage du père). Conjoint dépensier. Sexuellement : viril et goût des performances. Besoin de conquérir.

VIII en Taureau : la partie inconsciente permet au sujet de se servir du travail des autres dans un but matériel (héritage : résidences, terres, immeubles). Sexuellement : très sensuel, à l'écoute du partenaire ; très physique, prend son temps. La sensualité est indispensable dans sa vie.

VIII en Gémeaux : l'intelligence et l'inconscient du sujet sont curieux et avides de connaissances nouvelles. Le sujet est obligé d'aller plus en profondeur et de faire des études inhabituelles qui l'amènent à mûrir et à se structurer intellectuellement. Petits héritages venant de l'entourage (oncle, tante, etc.). Sexuellement : contrôle de la sexualité, cérébral.

VIII en Cancer : l'inconscient fonctionne en étroite liaison avec tout ce qui concerne le domaine familial. Importance de l'hérédité. Possibilité de décès dans la famille et de bouleversements à la suite d'un héritage. Héritage familial : immobilier ou affaire familiale. Sexuellement : doué, c'est un expert, il sent l'autre et comprend le partenaire.

VIII en Lion : l'inconscient du sujet se révèle créateur. Besoin de se prolonger en procréant, conjoint généreux. Héritage important. Sexuellement : aime l'amour. Ardent, érotique, se donne à l'autre.

VIII en Vierge : l'inconscient plus l'intelligence analytique du signe de la Vierge permettent au sujet de pouvoir étudier en profondeur le comportement des êtres sur le plan physique et mental. Héritage intellectuel. Sexuellement :

c'est un amoureux passionné mais romanesque, un poil cérébral.

VIII en Balance : l'inconscient s'exprime dans la relation à l'autre et aux autres. Le monde associatif est sujet à des mutations profondes et nous aide à avoir accès à notre partie ombre.

VIII en Scorpion : la Maison et le signe se confondent. Importance de l'inconscient, du domaine occulte, de l'au-delà, de l'intérêt pour les questions concernant la mort, les mystères de la vie, les questions matérielles. Héritage venant des autres. Sexuellement : sexualité liée à l'expérience presque mystique, où l'âme participe. Sexualité liée à l'amour et à la haine.

VIII en Sagittaire : l'inconscient du sujet est nourri d'idéalisme, de foi, d'enthousiasme (divin). Héritage venant de l'étranger. Partenaire fortuné. Sexuellement : instinctif, il a de la santé, un peu sportif en la matière, pudique et conformiste.

VIII en Capricorne : l'inconscient a des difficultés à s'exprimer dans le signe du contrôle, de la concentration et de la discipline « inhibition ». Héritages de personnes âgées. Spéculations immobilières. Sexuellement : deux types. 1er cas, le dilaté : besoin exigeant, frénésie érotique ; 2e cas : tendre, pudique, détaché.

VIII en Verseau : l'inconscient doit affronter la réalité universelle. Héritage inattendu. Sexuellement : « aime ça », libéral en la matière, cérébral, s'occupe de l'autre et des autres.

VIII en Poissons : difficulté pour l'inconscient. Dans ce signe le sujet réceptif n'a pas de barrières pour se protéger des brusques invasions de l'inconscient. Problème concernant l'héritage. Sexuellement : doué, besoin de se prouver que sa sexualité existe, qu'il est le plus sexy, sensuel ; besoin de faire l'amour souvent et le fait bien.

MAISONS IX EN SIGNES : « La pensée supérieure, les grands voyages »

IX en Bélier : les grandes idées philosophiques, l'idéalisme s'expriment par l'action. Idéal, militant politique ou religieux. « Voyageur », « impulsif ».

IX en Taureau : les grandes idées, les conceptions sont réalistes, le sujet les concrétise en vue d'un but matériel. Don pour les finances. Les voyages sont profitables.

IX en Gémeaux : les grandes idées, l'activité mentale et intellectuelle sont vécues superficiellement, manque de concentration, voyages nombreux (activité intellectuelle à l'étranger).

IX en Cancer : la famille, le foyer vont permettre la recherche et la réflexion mentale, « le sujet fait de la famille son idéal ». Goût pour le passé, sens historique, ses conceptions sont fécondes.

IX en Lion : les idées et les conceptions supérieures sont personnelles et donnent au sujet le goût du pouvoir. Réussite à l'étranger.

IX en Vierge : les idées et les conceptions supérieures sont liées au besoin de servir « spirituellement, matériellement, médicalement ». Conceptions scientifiques.

IX en Balance : les conceptions supérieures sont liées à l'association, à l'union qui sont indispensables à l'activité mentale du sujet. Mariage à l'étranger, idéal pacifique.

IX en Scorpion : les conceptions supérieures et l'activité mentale vont au fond des choses, fouillent le psychisme et l'inconscient des autres pour comprendre comment ils fonctionnent.

IX en Sagittaire : les grandes idées, l'activité mentale sont à leur apogée dans ce signe. Les conceptions supérieures sont les objectifs de l'intellect du sujet.

IX en Capricorne : les idées philosophiques, la profondeur de la pensée se réalisent au travers de l'activité du sujet. Elévation de la pensée philosophique et mentale. Réputation à l'étranger.

IX en Verseau : les conceptions supérieures, l'activité mentale se mettent au service de la collectivité. Enthousiasme, fraternité, altruisme, nombreux voyages. Le sujet peut exercer son activité dans une organisation internationale.

IX en Poissons : les conceptions mentales peuvent être vécues soit d'une manière positive, qui amène le sujet à une conception de la pensée très élevée, soit dans la négative : le sujet nie toute conception philosophique ou spirituelle. Alternance du mental à ce sujet.

MAISON X EN SIGNES : « Réalisation du "MOI", la position sociale »

X en Bélier : l'action et l'initiative permettent au sujet de se réaliser socialement ; il ne supporte aucune barrière, il fonce : « tempérament du chef ».

X en Taureau : le sujet sait ce qu'il veut. Réaliste et persévérant, il atteint son but. Sens des affaires et des finances. Il peut se réaliser dans une activité artistique ou ayant un rapport avec ce milieu, dans le domaine banquaire, immobilier, etc.

X en Gémeaux : les contrats sous toutes leurs formes, les écrits, les déplacements, les carrières qui demandent des facultés intellectuelles dont les objectifs sont immédiats et favorables au sujet (journalisme, intermédiaire, libraire, etc.). Il peut cumuler plusieurs activités.

X en Cancer : le sujet peut réussir dans une activité ou le contact avec le public ou la foule peut être déterminant. La réussite peut dépendre de l'opinion publique. Transactions de toute nature. La vie familiale sera l'objectif n° 1.

X en Lion : « ambition sociale ». Le sujet est brillant, il commande, il dirige. Honneur et succès. Il rayonne (politique, théâtre, etc., protection).

X en Vierge : l'ambition est de servir (médecine, social, enseignement, etc.).

X en Balance : le sujet se réalise socialement par rapport au couple, aux associations. Il compte avec les autres. Possibilités de carrières juridiques liées aux contrats et aux associations.

X en Scorpion : les expériences de l'inconscient psychologique et matériel servent de base au choix de la carrière (scientifique, juridique) qui oblige le sujet à vivre une métamorphose.

X en Sagittaire : ambition et carrière liées à l'étranger, la pensée, les voyages.

X en Capricorne : signe et Maison se confondent. Le sujet sait ce qu'il veut et il a les possibilités pour atteindre son but. Position honorifique, responsabilités ; l'ascension est lente mais certaine. L'ambition est liée à la persévérance. Il voit loin (carrière politique, travaux scientifiques, philosophiques, etc.).

X en Verseau : besoin d'un objectif humanitaire. Carrière dans des organismes collectifs d'avant-garde. Le sujet bouleverse, le sujet innove, les amis aident (S.N.C.F., radio, télé, etc.).

X en Poissons : sensibilité et inspiration sont liées à la carrière. Le sujet peut être étrange, instable, imprécis dans le choix de celle-ci. Il peut réaliser des choses peu communes.

MAISON XI EN SIGNES : « Les projets, l'amitié, les protections »

XI en Bélier : les projets sont dynamiques et actifs, les amitiés enthousiastes et viriles.

XI en Taureau : les projets sont stables. Aide matérielle et protection des amis, tendance à être possessif dans les rapports amicaux.

XI en Gémeaux : projets et amitié sont instables et multiples. Amis jeunes. Amitié intellectuelle.

XI en Cancer : l'intuition et la sensibilité dirigent le sujet dans le choix de ses amis. Projets divers. Tendance à être populaire. La mère peut être une amie.

XI en Lion : les projets sont prestigieux, les amis brillants. Influence des amis dans la vie affective.

XI en Vierge : les projets et les amis ont pour objectif de servir socialement, médicalement. Analyse et compréhension dans la vie amicale.

XI en Balance : la vie amicale et les projets se confondent avec l'association et l'union. Favorable au mariage.

XI en Scorpion : les projets et les amitiés sont passionnels. « Le sujet va jusqu'au bout », tendance à l'extrême. Amitiés liées à la sexualité. Les projets ont un lien avec le monde de l'inconscient.

XI en Sagittaire : les projets sont enthousiastes, voyages et amitiés à l'étranger, idéaux communs avec les amis. Protection et aide.

XI en Capricorne : les projets et les amis sont sélectionnés, ils aident au développement de la carrière. Fidélité et stabilité. Amitiés politiques avec des gens ayant de l'expérience.

XI en Verseau : Maison et signe se confondent. Importance de la vie amicale et des projets ayant un objectif collectif. Projets de réforme.

XI en Poissons : les amitiés et les projets peuvent amener le meilleur et le pire. Instabilité, projets utopiques, amitiés à surveiller.

MAISON XII EN SIGNES : « L'expérience de la solitude, les grandes crises »

XII en Bélier : difficulté à faire le point, à s'isoler dans ce signe où l'élan, l'impulsivité veulent se manifester (initiatives secrètes et violentes).

XII en Taureau : crises et conflits d'origine financière liés à la possession sous toutes ses formes. Le sujet prend conscience de ce besoin de posséder. Cela peut se traduire par des initiatives exagérées dans ce sens ou un certain détachement vis-à-vis de l'argent.

XII en Gémeaux : difficultés à prendre conscience en profondeur, anxiété, soucis, épreuves possibles dans la jeunesse. Conflits d'idées, maladie d'origine nerveuse.

XII en Cancer : les crises se passeront dans le domaine de la famille. La sensibilité du sujet est une source d'épreuves, les expériences obligent le sujet à prendre conscience de sa vie intérieure.

XII en Lion : les crises sont particulièrement personnelles. Le sujet s'oppose à l'extériorisation du besoin d'autorité. L'expérience peut être vécue affectivement (amours malheureuses).

XII en Vierge : la prise de conscience se fait par l'obligation de travailler d'une manière isolée, à analyser et assimiler les contraintes liées à la santé ou à l'activité du sujet. « L'expérience sera constructive. »

XII en Balance : la prise de conscience se fera par l'expérience en matière d'union ou d'association. Crise dans la maison de l'équilibre due aux autres. Besoin d'isolement (divorce, procès, etc.).

XII en Scorpion : les crises sont passionnelles et obligent le sujet à prendre conscience des différentes expériences à faire dans la maison de l'inconscient. Recherche les réponses aux questions essentielles.

XII en Sagittaire : crises concernant la vie intérieure. Etudes religieuses, philosophiques. Idéalisme que le sujet peut vivre dans l'isolement. Epreuves et ennuis à l'étranger.

XII en Capricorne : la prise de conscience est liée à des responsabilités lourdes à porter (déceptions, confinement, maladies chroniques).

XII en Verseau : les crises et la prise de conscience sont liées à des événements imprévus (ennui par des amis). L'idéal collectif marque le sujet. Invention secrète, cachée.

XII en Poissons : le signe et la maison se confondent. La vie intérieure est le champ de crises douloureuses : exaltation de l'âme et dépression, trahison affective. Juger d'après les aspects et la position de Neptune et de Jupiter.

LES PLANÈTES DANS LES MAISONS

LE SOLEIL

Le Soleil symbolise dans un thème le point central d'une existence ; le lieu où il va se trouver nous permet de comprendre comment le sujet va se réaliser, comment les événements sont vécus. En position *harmonique,* c'est-à-dire en *bon aspect* avec les autres planètes, il va permettre au sujet de s'élever, de réussir. Sa personnalité est mise en avant, la réussite est facile. En position *dissonante,* le sujet subit une ou des épreuves. Il doit franchir certains obstacles, ce qui ne l'empêche nullement de réussir, mais la réussite ne se fait pas toute seule.

Pour donner des indications concernant l'interprétation de chaque planète dans les maisons, nous allons devoir faire appel à notre logique. En étudiant un thème observons la position d'une planète dans une maison donnée et les aspects qu'elle forme. S'il y a *aspect harmonique,* faisons une interprétation en accentuant les *côtés positifs*. En cas de *position dissonante,* interprétons dans *le sens des excès, de ses tendances* qui débouchent sur un conflit. Rappelons-nous la leçon de la page 108 (« connaissance de chaque planète dans les signes du Zodiaque »).

Le soleil de naissance dans la Maison I va nous indiquer l'endroit où le sujet va vivre sa principale expérience, où il va se réaliser. Aspect harmonique : aide à l'ascension. Aspect dissonant : difficulté qui bloque l'expansion.

Le Soleil en Maison I : le sujet sait qu'il existe, il prend en main sa destinée : ambition, désir d'autorité, vitalité, constitution solide.

Le Soleil en Maison II : le sujet va s'affirmer en exploitant les richesses matérielles, il veut gagner et posséder. Avantage le domaine financier.

Le Soleil en Maison III : le sujet s'affirme auprès de son entourage (frère, sœur) grâce à ses écrits, ses déplacements. Propice aux études et aux échanges.

Le Soleil en Maison IV : le sujet s'affirme dans le domaine qui concerne la famille. Influence du milieu familial qui peut être déterminant pour les choix à faire dans l'existence (influence du père).

Le Soleil en Maison V : le sujet s'affirme dans les domaines de l'amour, du jeu, des plaisirs, des spéculations. Dons créatifs (importance des enfants).

Le Soleil en Maison VI : les ambitions sociales sont un peu bloquées dans cette Maison ; le sujet est l'employé des autres, mais il peut acquérir une spécialisation et s'affirmer dans ce domaine. Le travail peut avoir des liens avec la santé.

Le Soleil en Maison VII : le sujet s'affirme en se mettant au service de l'autre : dons pour toutes formes d'associations et de contrats. Il se sert de ses relations, le mariage peut aider à la réalisation de ses ambitions. Favorise la victoire sur les autres.

Le Soleil en Maison VIII : le sujet s'affirme au travers d'une métamorphose, d'une transformation de l'existence (les legs, les héritages, l'argent des autres ardent le sujet financièrement). L'obligation de perdre quelque chose permet à l'être de se transformer.

Le Soleil en Maison IX : le sujet s'affirme en voyageant et en poursuivant un idéal élevé, la position sociale aide (peut-être ambassadeur, juge, haut dignitaire du clergé, philosophe, exportateur, etc.).

Le Soleil en Maison X : facteur de puissance, excellente position pour le Soleil, réussite sociale brillante (on s'élève par rapport à ses origines sociales).

Le Soleil en Maison XI : indice de protection, les amis, les relations jouent un rôle important et aident le sujet. Les projets sont favorisés. Il brille dans son entourage amical. Appui et protection.

Le Soleil en Maison XII : blocages et obstacles à la réussite. Crise qui oblige le sujet à s'isoler (succès pour les travaux ou les créations lui demandant de s'éloigner volontairement ou non des autres, de la société). Ecrivains, peintres, médecins, employés de prison, psychiatres, etc.

LA LUNE

La Lune, c'est la planète qui symbolise la vie psychique du sujet, son inconscient, ses instincts, son émotivité, son enfance. En *aspect harmonique,* elle favorise l'épanouissement, la fécondité, la croissance, la chance. En *aspect dissonant,* l'émotivité est excessive, le sujet est dépendant : enfance difficile, sensibilité d'écorché vif, difficulté d'adaptation, vulnérabilité.

La Lune en Maison I : intuition, mouvement, changement, importance du contact avec le public, imagination, instabilité (voir rapport avec la mère).

La Lune en Maison II : le sujet a l'intuition de son avoir, il sent ses biens. Difficulté à garder l'argent (mains percées), instabilité financière. Argent par le public.

La Lune en Maison III : mentalité changeante, sensible à l'immédiat, tendance aux déplacements, aux voyages. Les femmes peuvent influencer la formation intellectuelle. Le sujet est donc pour les écrits (écrivain, journaliste, etc.) bien qu'ayant des difficultés à se concentrer.

La Lune en Maison IV : importance de la mère, des parents. Le sujet met son imagination au service de son foyer. Il déménage souvent.

La Lune en Maison V : instabilité dans ses amours, il les exagère. Importance du jeu, du plaisir, des enfants. Il peut s'exprimer au travers d'une création et être populaire.

La Lune en Maison VI : le travail est lié au public à cause du sens du contact du sujet. Travail où l'imagination pourra s'épanouir. Un emploi subalterne pousse à une tendance maladive, d'où possibilité d'instabilité dans la profession.

La Lune en Maison VII : l'imagination s'exprime au travers des contacts. La féminité dans la maison de l'union donne le désir du mariage. Chez la femme, vertu féminine. Mais peut rendre instable les associations, mouvements et changements dans les contrats.

La Lune en Maison VIII : (risque de décès de la mère). Héritages, problèmes financiers. Le sujet réagit à des motifs intérieurs.

La Lune en Maison IX : mobilité (voyages). Idéalisme et instabilité dans les opinions morales et intellectuelles. Peut permettre une relation affective au cours d'un voyage. Influence des femmes sur la formation intellectuelle. Imagination prophétique, tendance aux rêves.

La Lune en Maison X : le social est lié à des changements. Importance des femmes dans la réussite. Hauts et bas dans la profession. Importance de la popularité.

La Lune en Maison XI : influence des amis (amitiés amoureuses). Nombreux projets voués aux changements. L'imagination s'épanouit dans la réalisation des projets avec les amis.

La Lune en Maison XII : la sensibilité est prisonnière, crise familiale liée aux femmes (mère). L'enfance a pu être douloureuse, l'imagination est enfermée. Goût pour l'occultisme. Difficulté venant du sexe. Intuition.

MERCURE

Mercure symbolise les rapports, les contacts, la liaison avec les autres grâce à l'intelligence. En *aspect harmonique :* adaptabilité et stabilité de la pensée. En *aspect dissonant :* difficulté d'adaptation, instabilité.

Mercure en Maison I : le sujet s'exprime par l'intellect, importance des contrats, des voyages, curiosité, mouvement. Les opinions sont très personnelles. « Nervosité ».

Mercure en Maison II : le sujet se sert de son intelligence pour acquérir, posséder matériellement. Adaptation financière, gains liés aux déplacements et aux écrits. Il sait comment gagner davantage. Ruse et habileté, gains par des moyens multiples. Pour gagner de l'argent, il « combine ».

Mercure en Maison III : le sujet s'adapte à son entourage, lie l'intellect aux écrits, aux déplacements, grâce à une grande capacité littéraire, il sait se faire des relations. De par sa capacité d'assimilation mentale, il réussit dans les études.

Mercure en Maison IV : hérédité intellectuelle. Instabilité du foyer (il peut exercer sa profession au domicile). Activité littéraire, commerciale, relations publiques, psychologique, etc. Intérêt pour le patrimoine, les choses anciennes.

Mercure en Maison V : Tendance au flirt, les amours sont « cérébralisées ». Importance des jeux intellectuels. Le sujet peut rencontrer un ou une partenaire plus jeune. L'esprit peut évoluer grâce à l'amour.

Mercure en Maison VI : le sujet s'exprime intellectuellement dans son travail, il s'adapte. Importance de tout ce qui est en rapport avec le service et la minutie. Attrait pour les jobs médicaux, sociaux, etc. Peut prédisposer à l'état dépressif, grande nervosité.

Mercure en Maison VII : le sujet analyse, intellectualise les associations sous toutes leurs formes. Il collabore avec le conjoint. Adaptation et échanges intellectuels dans le mariage. Intérêt pour les milieux littéraires. Instabilité possible des associations et du mariage (souvent, conjoint plus jeune).

Mercure en Maison VIII : aptitude pour transformer, renouveler. Sens des transactions, des affaires. Intérêt pour les problèmes relatifs à l'au-delà. Instabilité financière.

Mercure en Maison IX : intellect ayant le goût de l'abstraction : éclectique, tolérant ou sceptique, idées larges. Hautes études, facilités d'expression, tendance à être un peu girouette, aime les voyages mentaux, s'intéresse aux idées supérieures.

Mercure en Maison X : l'intellect a le sens des contacts, les qualités MERCURIENNES vont permettre de réussir socialement, le sujet s'en sert dans ce but : sens des rapports sociaux (littérature, intermédiaire, voyages, transactions). Opportuniste, il peut changer d'activité (instabilité concernant la réussite). « Il est intelligent. »

Mercure en Maison XI : importance des amis, des échanges. Intérêt pour les questions sociales et les courants collectifs. L'intellect joue un rôle important dans les relations avec autrui. Inconstance dans les amitiés, mobilité de celles-ci, projets multiples.

Mercure en Maison XII : l'adolescence peut avoir été pénible, l'entourage a pu être une source d'épreuves. Le sujet garde ses idées pour lui. Il ne s'adapte pas toujours très bien. Souvent personnel dans le travail. Tendance à la phobie des détails, à l'angoisse, ennuis mentaux.

VÉNUS

Vénus va nous donner des indications concernant la Maison qui va être celle où le sujet vit son affectivité, son amour pour l'autre ou pour les autres, ses sympathies. En *aspect harmonique :* chance et bonheur, joie de vivre facilitée. En *aspect dissonant :* excès des demandes affectives, difficultés à être heureux affectivement.

Vénus en Maison I : particularité vénusienne (l'amour, l'affectivité, la sensibilité sont à l'honneur). « Le sujet aime l'amour. » Prédisposition à une vie agréable : « il agit par le charme ».

Vénus en Maison II : le sujet s'épanouit affectivement lorsque les questions matérielles sont résolues. Argent venant des personnes aimées. Goût de luxe. Il sait exploiter ses charmes dans le but d'acquérir. Facilité à gagner de l'argent, chance matérielle.

Vénus en Maison III : le sujet aime se lier. L'amour peut venir de l'entourage, affectivité avec les proches. Rencontres en voyages par correspondance (amour et intellectualité peuvent être liés). « Goût du flirt. »

Vénus en Maison IV : l'affectivité est vécue au foyer. Bonheur au domicile. La situation est douce, confort chez soi, protection de la famille, entente avec les parents.

Vénus en Maison V : l'astre se trouve bien dans cette Maison qui représente la joie, l'amour, la détente, les enfants. Création artistique, amour des enfants. Chance en matière de spéculation. Les relations amoureuses sont favorisées.

Vénus en Maison VI : il peut rencontrer l'amour dans le travail. Lien entre l'amour et la santé. Il se plaît dans son job, facilite celui-ci.

Vénus en Maison VII : elle est bien placée et rend heureuses toutes formes d'associations, d'unions : celles-ci sont fécondes sur tous les plans. Favorable pour un artiste, aide dans les procès, dans les conflits. Succès sociaux. Passion qu'on légalise.

Vénus en Maison VIII : crise affective. L'affectivité, le cœur vivent une métamorphose. Argent par le mariage, facteur de chances matérielles. Aide socialement. Le sujet peut cependant craindre la perte d'un être aimé, au cas où tout l'ensemble du thème le confirme.

Vénus en Maison IX : le sujet rencontre l'amour en voyage. Il voyage en réalité ou dans sa tête. Idéalisation de l'amour sous toutes ses formes. Spiritualisation du sujet grâce à l'amour alors sublimé.

Vénus en Maison X : les relations sont bénéfiques pour la situation. Carrière liée à l'amour ou réussite sociale grâce à l'amour. Disposition à plaire, rencontre de l'amour dans le milieu professionnel, job vénusien.

Vénus en Maison XI : l'amitié et l'amour sont liés, le sujet rencontre l'amour dans le milieu amical, il aime ses amis. Importance des projets. Appui des amis, pouvoir affectif sur les autres.

Vénus en Maison XII : une épreuve affective peut obliger le sujet à faire une retraite dans la solitude (peur de l'affectivité). Elle peut emprisonner le sujet, lui rendre ses relations difficiles. Difficultés à formuler ses sentiments. « Favorise le dévouement aux autres, à ceux qui souffrent. »

MARS

Mars va nous donner des indications concernant la Maison où le sujet va vivre son agressivité, là où il va lutter et devenir réaliste. Selon les aspects, la lutte est profitable et permet au sujet de s'affirmer en *aspect dissonant.* Risque d'être trop impulsif, trop agressif, tendance à la bagarre, il aime détruire.

Mars en Maison I : particularité marsienne qui confère les qualités et les défauts de Mars : goût de la conquête, affirmation du « Moi ». Sans grande souplesse. Virilité. En aspect dissonant, risque de difficultés à vouloir lutter, tempérament agressif (chez la femme, tendance castratrice).

Mars en Maison II : l'agressivité, la combativité sont mises au service de l'acquisition qui ne se fait pas sans effort. Les réactions qui concernent les biens matériels sont impulsives, d'où risques selon aspect, de dilapidation, placements impulsifs. Le sujet gagne, dépense, l'argent est un moteur.

Mars en Maison III : intellect impulsif, coléreux, sens de la répartie, agressivité que le sujet exprime auprès de son entourage (voir rapport avec les frères et sœurs). Passion de la vitesse sous toutes ses formes. Initiatives en affaires. Esprit rapide.

Mars en Maison IV : l'agressivité dans le foyer, division et bagarre, dissentiments avec la famille (voir rapport avec les parents). L'énergie peut être mise au service du « home » afin de l'améliorer.

Mars en Maison V : dans la Maison des amours, ce qui rend le sujet passionnel : amours tourmentées, plaisir, amour du jeu, goût des spéculations, des sports violents. Disputes affectives. Pour la femme : en mauvais aspect, risque de séduction destructrice.

Mars en Maison VI : initiative dans le travail, l'agressivité est vécue dans le job, soit en négatif, soit en positif. Rivalité, conflits avec ses collègues. Le sujet se bat, lutte dans son job (chirurgien, militaire, etc.).

Mars en Maison VII : pas très bien placé dans la Maison des contrats, des associations, du mariage. Risque de conflits, de bagarres, mariage précoce et décision impulsive (séparation, procès, etc.). Peut permettre de se réaliser dans des associations actives où l'on doit se battre pour gagner (carrière juridique, sociale, etc.).

Mars en Maison VIII : crise au sujet des capitaux ou d'un héritage. Peut obliger l'être à se reconstruire intérieurement à la suite d'une crise passionnelle.

Mars en Maison IX : le sujet va se battre pour un idéal (goût pour l'aventure, les grands voyages, possibilités de conflits ou de tension dans ses relations avec l'étranger). La spiritualité est vécue d'une manière instinctive et combative. Il peut spiritualiser l'instinct. Il veut être le seul à avoir un jugement juste.

Mars en Maison X : l'agressivité et le dynamisme sont au service des ambitions sociales. La réussite est due à l'énergie du sujet. Actions radicales et dynamiques afin d'arriver au but. Carrière liée à la lutte.

Mars en Maison XI : le sujet aime ses amis impulsivement, sentiments généreux et francs. Il s'enthousiasme pour les projets et ses amitiés sont passionnelles. Peut aboutir à des différends et des disputes avec les amis.

Mars en Maison XII : bon pour les activités de chirurgien, juge, espion, etc. Epreuves concernant les inimitiés secrètes. Action secrète et dangereuse. Inhibition de l'élan vital, le sujet se trouve enfermé et bloqué. Bon pour les travaux cachés.

JUPITER

Jupiter symbolise l'expansion, la générosité ; la réussite, etc. En *aspect harmonique :* réussite sociale et affective, etc. En *aspect dissonant :* tendance au laisser-aller, à l'insouciance.

Jupiter en Maison I : ouverture d'esprit, donne les qualités jupitériennes (facilité, chance, générosité, fierté, protection), « le sujet décide ». Conscient de ses qualités, le sujet ne se laisse pas influencer mais reste indulgent avec lui-même (orgueil).

Jupiter en Maison II : excellente position de l'astre, expansion financière, facilité et adaptation aux problèmes matériels. Facilités pour tout ce qui concerne les banques, les crédits. Le sujet fait croître ses biens, et ne « manque de rien ».

Jupiter en Maison III : le sujet est très aidé par son entourage, ses relations. Cette aide favorise ses études et plus tard son travail. Il est protégé contre les accidents. Son besoin de s'affirmer s'exprime dans les sports, dans un goût passionné pour la vitesse.

Jupiter en Maison IV : le sujet a un sens de la famille très développé (joie de vivre, confort au foyer). Cette famille l'aide beaucoup dans sa traversée de la vie. Chance en immobilier. Tendance aux dépenses.

Jupiter en Maison V : la chance, l'expansion se développent dans le domaine de la créativité, des jeux, de l'amour, des enfants et de la spéculation.

Jupiter en Maison VI : la chance est concentrée dans le milieu du travail : excellent pour les activités où l'on aide les autres (médecine, profession sociale, etc.). Excellent rapport avec les employés. Amour des animaux.

Jupiter en Maison VII : la chance favorise l'association, l'argent. Les relations peuvent provenir du mariage. Protection dans les contrats, les procès. Succès dans les affaires légales. Réciprocité des échanges.

Jupiter en Maison VIII : position de chance qui concerne les biens provenant de l'association et les acquisitions venant des héritages ou d'un mariage avantageux. Chance et protection sur le plan financier.

Jupiter en Maison IX : réussite grâce aux qualités morales (magistrature, clergé, administrateur, diplomate, etc.). Expansion sociale liée aux voyages ou à l'étranger, le sujet réussit hors de son pays (professorat). Il peut guider les autres.

Jupiter en Maison X : excellente position : ambition professionnelle, élévation sociale qui peut être liée à la vie publique, protection des autres, appui, confiance en soi.

Jupiter en Maison XI : aide venant des amis : les amitiés et les projets sont favorisés, la réussite est liée aux relations. Les protections et l'aide ne manquent pas. Réalisation des projets.

Jupiter en Maison XII : dans les crises de l'existence, « le sujet est protégé ». Il peut réussir dans des occupations occultes ou dans un monde fermé et secret.

SATURNE

La maison que Saturne va habiter nous donne des indications concernant l'obligation pour le natif(ve) de mettre un frein à ses impulsions, à ses désirs ; il doit renoncer, abandonner, perdre. En *aspect harmonique :* compense les faiblesses, aide le sujet dans sa formation en vue d'acquérir la maturité. En *aspect dissonant :* le sujet n'accepte pas facilement de méditer, d'abandonner, de perdre afin d'acquérir la maturité. Celle-ci ne se fait pas sans crise et sans conflit.

Saturne en Maison I : individualisation qui peut déboucher sur l'égoïsme. Rejet de l'instinct, patience et lenteur, introversion du « Moi », difficulté à s'ouvrir (voir influence du père). Sérieux et probité ; « plus gai en deuxième partie de sa vie ».

Saturne en Maison II : frustration matérielle : économe, sentiment de manquer, d'insatisfactions matérielles ou tendance à dilapider. Inadaptation en matière d'argent.

Saturne en Maison III : le sujet discipline ses pensées, froideur vis-à-vis de l'entourage. Disposition pour les études qui demandent de la patience et de la méthode. Faculté de vie intellectuelle.

Saturne en Maison IV : voir relation avec les parents : austérité, frustrations, épreuves liées à la vie de famille, sens du devoir familial. Ne favorise pas l'expansion et la joie dans cette Maison (le père a pu manquer).

Saturne en Maison V : dans la Maison des jeux, des plaisirs, des amours, de la créativité, des enfants, la planète n'est pas très à sa place. Eloignement des plaisirs (soit frénésie amoureuse, soit amour lié aux épreuves). Peu d'enfants, le sujet est sérieux et fidèle dans ses relations affectives (peut donner le goût de collections : collectionneur, antiquaire). Profondeur en amour.

Saturne en Maison VI : bonne position : patience et

profondeur dans l'effort. Respect du travail. Le sujet s'adapte à lui.

Saturne en Maison VII : la position de l'astre n'est pas très favorable dans cette Maison à moins d'être en très bon aspect. Stabilité des contrats, des associations et de l'union qui ne sont jamais décidés impulsivement. D'où célibat, mariage tardif ou différence d'âge dans l'union.

Saturne en Maison VIII : héritage foncier (risque pour une femme de devoir assumer matériellement le fonctionnement du ménage, l'époux peut déserter en ce sens), problèmes de successions, d'argent provoqués par des associés ou le conjoint.

Saturne en Maison IX : faculté d'approfondir les idées, favorable à la vie intellectuelle, à une philosophie profonde. En *aspect dissonant,* le sujet peut être intolérant dans sa manière de penser.

Saturne en Maison X : sens des hiérarchies : le sujet occupe un emploi de responsabilités. Il peut se donner des objectifs à longs termes. « Goût du pouvoir. »

Saturne en Maison XI : dans la Maison de l'amitié, Saturne rend celle-ci rare mais solide et profonde (amitié avec des gens qui ont de l'expérience). Les projets sont peu nombreux mais sérieux ; conseils et protection. Le sujet peut compter sur les autres.

Saturne en Maison XII : affinité de l'astre et de la Maison = solitude et renoncement. Le sujet est prisonnier, enfermé, bon pour les activités qui demandent le sens du sacrifice ou celles qui obligent le sujet à s'isoler.

URANUS

La Maison qui va être l'habitation d'Uranus est celle des événements subits, qui obligent le sujet à se réveiller et à évoluer, c'est la planète des bouleversements imprévus. La Maison situe l'être dans ce qu'il a de plus individualiste et indépendant. En cas d'*aspect dissonant :* révolte et inadaptabilité. Les événements se vivent aussi bien de l'intérieur que de l'extérieur.

Uranus en Maison I : facteur d'indépendance et d'originalité : c'est le sujet qui provoque les changements. Affirmation de la personnalité, goût pour tout ce qui est nouveau et risqué.

Uranus en Maison II : dans la Maison de l'argent, Uranus peut donner au sujet de bonnes idées dans la manière d'en gagner. Instabilité de la vie matérielle, « hauts et bas ».

Uranus en Maison III : originalité de l'intellect, inventif, esprit de recherche, curieux, doué pour la publicité. Goût pour la vitesse.

Uranus en Maison IV : parents qui peuvent être originaux. Le sujet prend tôt son indépendance vis-à-vis du milieu familial (instabilité du foyer).

Uranus en Maison V : l'amour est vécu d'une manière indépendante, originale. Il aime la nouveauté : originalité créatrice, sens artistique. Les amours peuvent être compliquées et orageuses.

Uranus en Maison VI : indépendance, goût pour l'aventure. L'indiscipline crée des complications dans la vie professionnelle (instabilité de celle-ci). Le sujet peut avoir des dons pour soigner, aider et servir les autres. Il doit choisir une carrière indépendante (en aspect dissonant, maladie d'origine psychique, nerveuse).

Uranus en Maison VII : l'association et l'union sont conclus brusquement : indépendance dans la vie conjugale, union libre, voire liaison avec partenaire divorcé. La stabilité de cette Maison est compromise.

Uranus en Maison VIII : dons pour explorer, fouiller, comprendre l'inconscient des autres (psychologue, astrologue, etc.). Legs, héritages, argent qui viennent du conjoint ou de manière imprévue.

Uranus en Maison IX : le sujet change dans sa façon de voir la vie. Indépendance et innovation au niveau de la pensée, esprit original, idéal lié à la liberté, idées révolutionnaires d'avant-garde. Grands voyages sous le signe de l'aventure.

Uranus en Maison X : goût pour réformer, il mène sa carrière de façon indépendante. Bouleversements et sens des réalisations nouvelles. Originalité dans la manière de se réaliser socialement.

Uranus en Maison XI : l'astre est dans sa Maison. Milieu amical, original, excentrique et intellectuel. Projets qui s'ouvrent sur de larges horizons.

Uranus en Maison XII : le changement s'effectue intérieurement. Inventions secrètes, recherches occultes, projets et goût pour l'aventure qui peuvent amener le sujet à faire un retour en lui-même (crise psychique).

NEPTUNE

La Maison qui habite Neptune nous donne des renseignements sur la sensibilité du sujet, son adaptation au monde collectif, son imagination, sa mysticité, sa foi, ses risques d'illusions, sa difficulté à vivre son individualité, sa fragilité.

Neptune en Maison I : inspiré, réceptif, facteur de sensibilité, adapté au monde collectif, sens artistique. Le sujet vit éveillé ses rêves (inconscient). En aspect dissonant, instabilité, vie chaotique, imagination non contenue, risque d'illusion, de laisser-aller.

Neptune en Maison II : inspiration et chance dans la manière de gérer, réceptivité qui peut déboucher sur des idées géniales en matière de spéculation. En aspect dissonant : abus de confiance, risque de dettes.

Neptune en Maison III : la pensée, les idées, l'intellect fonctionnent grâce à l'intuition. Le sujet rêve. Les études sont vécues comme une possibilité d'évasion, une inspiration au voyage. En aspect dissonant : difficulté à se concentrer, confusion dans les idées.

Neptune en Maison IV : sensible à l'ambiance familiale, foyer original, bohème, hérédité spiritualiste, goût pour l'occulte. En aspect dissonant, relation familiale compliquée.

Neptune en Maison V : planète heureuse dans cette Maison, sensibilité, vie affective idéalisée : le sujet rayonne, la planète se manifeste en créant (créativité). En aspect dissonant, amours chimériques.

Neptune en Maison VI : don pour guérir les autres, inspiration, intuition dans le travail, le sujet peut idéaliser la notion de service. En aspect dissonant, anarchie dans le job, trouble de santé psychique.

Neptune en Maison VII : risque de désillusion dans la maison de l'union et des associations sauf en aspect harmonique qui rend le sujet et l'union romantique et inspiratrice.

Neptune en Maison VIII : l'âme du sujet communique instinctivement avec l'autre monde, pénètre dans le psychisme. En aspect dissonant, problèmes sexuels ou spirituels, ennuis dans un procès.

Neptune en Maison IX : le sujet idéalise toutes formes de pensée, hautes conceptions spirituelles ; il comprend affectivement et intuitivement. Pouvoir psychique (grands voyages par la mer). En aspect dissonant, les idées sont confuses, nébuleuses, utopiques, complications légales, anxiété, angoisse.

Neptune en Maison X : les ambitions de se réaliser dans le monde sont liées à des mouvements collectifs, la réalisation sociale est hors du commun. Carrière où l'inspiration, l'intuition jouent à fond. En aspect dissonant, abus de confiance, situation compromise, ennuis légaux.

Neptune en Maison XI : le sujet s'associe avec les autres, avec les amis, aux mouvements sociaux (projets idéalistes). En aspect dissonant, trahison des amis.

Neptune en Maison XII : intérêt pour les recherches psychiques secrètes. En aspect dissonant, désordre mental, trahison, hostilité des autres.

PLUTON

La position de Pluton va nous donner des indications sur la Maison qui est le lieu de bouleversements profonds. En Maison angulaire I (ASC.), X (M.C.), VII et IV, la transformation est plus radicale ; après l'intervention de Pluton, le sujet est différent, rien n'est plus pareil. Pluton, dans les autres Maisons, agit avec moins de forces, l'événement surgit et le sujet doit accepter cette seconde naissance liée à la mort d'une certaine image de lui-même.

Pluton en Maison I : évolution importante liée à un

événement qui transforme la vie du sujet (voir aspect) : créativité, profonde tension intérieure, sentiment d'angoisse, inconscient très fort, intuition. L'agressivité (selon les aspects et toujours ne pas oublier l'ENSEMBLE DU THÈME) peut être vécue de manière créatrice ou destructrice.

Pluton en Maison II : en aspect harmonique, peut amener le sujet à acquérir des biens par des spéculations importantes : héritages possibles, changements financiers importants quelle que soit la nature de l'aspect. Sentiment d'insécurité vis-à-vis de l'avoir.

Pluton en Maison III : intuition très forte, transformations liées à l'entourage. En aspect harmonique, favorise les études, fécondité en matière d'écriture, de voyages (ceux-ci sont positifs). En aspect dissonant, difficultés à se concentrer, à raisonner. Le sujet peut défouler son agressivité sur les routes. Ennuis avec les frères et sœurs.

Pluton en Maison IV : Maison importante. Pluton représente le passé ; la Maison IV l'enfance, la mère, la famille. Crise profonde liée à l'hérédité, à la famille : agressivité au foyer, manque de maturité, importance écrasante des parents. En aspect harmonique : dons pour les problèmes secrets, les explorations, l'astrologie, la métaphysique, etc. Vie sexuelle intense dans la vieillesse.

Pluton en Maison V : créativité importante en aspect harmonique (acteurs, créativité artistique) : passion amoureuse tourmentée ou dramatique, désir inassouvi d'être aimé, goût des jeux dangereux, tendance aux spéculations bonnes ou mauvaises suivant aspect. Aspect dissonant, stérilité.

Pluton en Maison VI : exigence dans le travail, il peut en être esclave. Aptitudes médicales ou activités concernant la santé. En aspect dissonant, crise de santé, la mémoire est défaillante. En Vierge ou en Gémeaux : risque de déséquilibre nerveux.

Pluton en Maison VII : Maison angulaire liée aux autres. Bouleversements et conflits venant de l'union ou de l'association. Nouvelle orientation radicale dans cette Maison. Il est certain que Pluton n'est pas la planète favorable aux relations sociales.

Pluton en Maison VIII : dans la Maison des transformations, Pluton donne un pouvoir de renouvellement qui ne se fait pas sans douleur (selon les aspects, crise psychique profonde). En aspect harmonique, évolution psychique (importance des projets venant d'héritages ou de l'union médiumnite). En aspect dissonant, emprise psychique, fascination morbide. Dans tous les cas, dons pour la psychologie et les sciences humaines.

Pluton en Maison IX : exigence dans les idées, transformation de la pensée pendant l'existence, tension intellectuelle ou spirituelle. Retour conscient ou inconscient vers le passé humain. En aspect dissonant, crises concernant l'étranger et le mental. Idéalisme fanatique.

Pluton en Maison X : Maison capitale pour la réalisation sociale. Le sujet n'aime pas le groupe. Pluton impose des bouleversements dans la situation, des résistances ouvertes ou cachées à cette promotion ; l'ambition peut être excessive. Créativité profonde qui favorise les situations cachées ou secrètes ou ayant une référence au passé collectif (archéologie, psychologie, espionnage, avocat, etc.). Eminences grises, il faut savoir que la réussite ne se fait pas sans une remise en question profonde.

Pluton en Maison XI : l'amitié peut être passionnelle, irrésistible, extrémiste. Même tendance pour les projets : rupture avec les amis, des projets, bouleversements en meilleur ou en pire (selon les aspects, « appuis et protections occultes »).

Pluton en Maison XII : la planète de la transformation et de la passion dans la Maison des épreuves, de la solitude, peut procurer une épreuve d'origine sexuelle affective. Complexe de culpabilité, difficulté à vivre sa vie au grand jour (ennui de santé, inhibition).

LES MAÎTRES DES MAISONS DANS LES AUTRES MAISONS

Il faut savoir qu'une planète peut être :

1° propriétaire d'une Maison : (en domicile) maîtresse du signe occupé par la maison ;
2° locataire d'une Maison suivant le signe et la Maison qu'elle va occuper dans le thème du sujet.

Dans notre thème, l'Ascendant est en Balance. Le maître de cette Maison I est Vénus. Où se trouve Vénus ? En Balance à 20° de ce signe, la planète est maîtresse du signe, donc propriétaire du signe et locataire de cette Maison.

Prenons un autre exemple dans le thème : Mercure est en Vierge à 23° de ce signe, le maître de la Vierge est Mercure, cette planète elle aussi est propriétaire et maîtresse et locataire de la Maison et du signe (en observant votre thème, vous constatez que le 2e maître de la Balance qui est Saturne se trouve en Balance, il est en exaltation dans ce signe).

GÉNÉRALEMENT, NOUS RENCONTRONS PLUS SOUVENT DES PLANÈTES LOCATAIRES QUI NE SONT PAS MAÎTRES OU MAÎTRESSES DANS LA MAISON QU'ELLES VONT HABITER.

C'est le cas pour toutes les autres planètes de notre thème.

Exemple : Prenons la Maison VII, elle se trouve dans le signe du Bélier, son maître est Mars. Où est-il, où va-t-il agir ? En Maison III, qui est en Sagittaire.

NOUS DEVONS APPRENDRE A RAISONNER AINSI. Observons la Maison, celle des amours, etc., dans notre thème elle est en Verseau. Où sont Uranus et Saturne, les maîtres du Verseau ? Uranus est en *Cancer en Maison X* et Saturne est lui en *Maison I ASC. en Balance.*

Encore un exemple : La Maison XI est en Lion. Où est le maître du Lion, le Soleil ? Il est en Maison XII en Vierge, etc.

Nous allons vous donner des indications concernant la manière dont vont agir les planètes maîtresses, les Maisons dans les autres Maisons. N'oublions pas que le but de ce livre est de faire connaître les bases indispensables qui vont vous aider à pénétrer dans ce vaste champ de connaissances qu'est l'astrologie.

Seule la pratique permettra par la suite de vérifier vous-mêmes les résultats de vos analyses.

Ne prenons pas toutes les définitions à la lettre. Attention, ne fixons pas notre attention uniquement sur les tendances négatives en oubliant qu'un thème se lit *globalement* et que les tendances négatives se révèlent être souvent les plus dynamiques pour le sujet.

LE MAÎTRE DE I EN MAISON ASC.

Maître de l'Ascendant en Maison :

En Maison I : le sujet a une forte personnalité : son intérêt et sa réalisation sont centrés sur lui-même.

En Maison II : l'intérêt du sujet se porte sur les gains, la possession, le travail qui rapporte, les finances.

En Maison III : l'intérêt du sujet se porte sur les études, les voyages, le concret, les frères et sœurs, les écrits.

En Maison IV : l'intérêt du sujet se porte sur la famille, le « home », le patrimoine, les biens immobiliers, le pays natal.

En Maison V : l'intérêt du sujet se porte sur les enfants, les spéculations, les jeux, la création sous toutes ses formes, les amours.

En Maison VI : l'intérêt du sujet se porte sur le sens du service, le travail, le domaine des maladies, la santé.

En Maison VII : l'intérêt du sujet se porte sur toutes formes d'associations, d'unions ; il est indépendant des autres, besoin de sociabilité. Intérêt pour les autres.

En Maison VIII : l'intérêt du sujet se porte sur les domaines des héritages, des choses cachées, financières, sexuelles, les transformations l'obligent à se transformer lui-même (mort de soi-même liée à une résurrection) : recherche psychologique, facultés psychiques.

En Maison IX : l'intérêt du sujet se porte sur les hautes études, les voyages, le domaine abstrait, la philosophie.

En Maison X : l'intérêt du sujet se porte sur l'obligation de se réaliser socialement. « Self Made Man », il réalise ses ambitions. Succès et réussite sociale, il rayonne.

En Maison XI : l'intérêt du sujet est centré sur les projets, les amis, la participation aux mouvements communautaires (relation et protection).

En Maison XII : intérêt pour les choses cachées qui demandent de l'isolement et qui obligent à vivre en retrait dans un sens positif ou négatif (voir les aspects, la position de la (ou des) planète(s) dans le signe).

LE MAÎTRE DE II EN MAISON

En Maison I : la personnalité du sujet va lui permettre de se réaliser matériellement, l'argent vient au-devant du sujet.

En Maison II : importance de l'argent, stabilise les gains, capacité matérielle.

En Maison III : les revenus proviennent d'occupations diverses (journalisme, commerce, etc.), des écrits, des déplacements, des relations avec l'entourage.

En Maison IV : le sujet peut exercer son activité chez lui. Influence des questions financières sur les conditions de vie au foyer (biens immobiliers venant des parents).

En Maison V : l'argent peut être gagné en spéculant dans une activité créatrice (liée au divertissement ou à l'enseignement et l'éducation). « Je dépense pour le plaisir. »

En Maison VI : argent par le travail, le service, relation entre les gains et la santé (médecin, infirmière, etc.), sens du commerce.

En Maison VII : l'argent vient des associations, fortune liée à l'union.

En Maison VIII : le sujet gagne de l'argent en se servant de l'argent des autres. Apport financier par associations, héritages.

En Maison IX : le sujet gagne son argent à l'étranger, ou dans une activité liée aux voyages (profession libérale).

En Maison X : le sujet réussit socialement et financièrement. Le travail a pour but d'amener à la possession matérielle.

En Maison XI : les amis, les relations, les projets, la politique permettent de gagner de l'argent.

En Maison XII : l'argent peut être gagné discrètement, les appuis financiers sont cachés.

MAÎTRE DE III EN MAISON

En Maison I : importance des voyages, de l'activité mentale, des études, de l'entourage ; le sujet sait se faire apprécier.

En Maison II : l'argent est lié aux déplacements, à l'entourage. Le sujet est doué pour la gestion financière. Il se sert de son intelligence pour gagner de l'argent.

En Maison III : importance des possibilités intellectuelles. Grande curiosité. La pensée est concrète. « Le sujet se déplace souvent », nombreux voyages.

En Maison IV : l'intelligence s'intéresse aux problèmes concernant la famille. Travail intellectuel au foyer.

En Maison V : l'intelligence peut être créatrice et chez le sujet. Il peut rencontrer l'amour au cours d'un voyage. « Combinaison financière. »

En Maison VI : l'intelligence est douée pour l'analyse et se met au service des autres. Sens du commerce. (Fatigue nerveuse.)

En Maison VII : le sujet met son intelligence à la disposition des associés, du conjoint. Il peut renconrer le futur époux au cours d'un voyage ou dans l'entourage. Importance de la clientèle, des contrats (profession libérale).

En Maison VIII : l'intelligence explore les domaines de l'âme, de l'inconscient, de l'au-delà, de la sexualité, des capitaux, des héritages. Esprit particulièrement perspicace et critique.

En Maison IX : la pensée est portée vers les hautes études, vers l'enseignement. Goût des langues étrangères et des voyages.

En maison X : l'intelligence du sujet lui permet de s'imposer ; sur le plan social, les objectifs sont ambitieux ; voyages, entourage et écrits « auront leur mot à dire ».

En Maison XI : les projets et les mais sont à l'honneur, le sujet se sert de son intelligence pour des projets humanitaires ou intellectuels.

En Maison XII : les déplacements, les écrits, soumettent le sujet à une retraite forcée ; ennuis à ce sujet. L'isolement peut faciliter l'activité mentale (crise psychique, le mental se sent emprisonné).

MAÎTRE DE IV EN MAISON

En Maison I : le sujet est influencé par l'hérédité, le foyer (biens immobiliers), les parents influencent le sujet dans la façon dont il va s'affirmer (voir rapports parentaux).

En Maison II : la famille a une influence sur les gain du sujet ou de l'avoir (héritage, gestion de biens immobiliers).

En Maison III : l'intelligence est marquée par l'hérédité (changement de domicile), intellectualisation des écrits. Les relations avec l'entourage se font dans le foyer.

En Maison IV : importance du rôle de la mère, de l'hérédité, du foyer (voir aspects et signes).

En Maison V : importance des amours des enfants ; de l'éducation, des plaisirs. Fin de vie agréable (il donne ses biens à ses enfants).

En Maison VI : le travail est lié au domicile, le foyer est l'endroit où l'on sert. Hérédité maladive ou contact avec le monde médical au foyer.

En Maison VII : les parents peuvent avoir une influence sur le choix du conjoint. Le foyer se trouve chez l'autre. Les associations et l'union aident à assurer le patrimoine.

En Maison VIII : importance des questions d'héritage. Evolution concernant la conception du foyer tout au long de la vie ; on a l'impression que le foyer est situé ailleurs, hors du monde matériel.

En Maison IX : le foyer peut être à l'étranger. Intérêt pour les problèmes philosophiques, scientifiques, légaux. Le foyer est l'endroit où il développe ses facultés supérieures (idéologie, etc.).

En Maison X : les parents peuvent aider à la réussite de la vie sociale qui est très importante pour le sujet.

En Maison XI : la famille, le foyer, le sujet le fait chez ses amis, là où il se sent des racines. Les projets sont liés au foyer.

En Maison XII : crises et épreuves d'origine familiale. Besoin de s'isoler. Le foyer est solitaire.

MAÎTRE DE V EN MAISON

En Maison I : importance des enfants, des amours, des

spéculations. Le sujet trouve en lui-même sa propre source de joie.

En Maison II : les spéculations, le jeu, la créativité ont pour objectifs des buts concrets, matériels, financiers.

En Maison III : « Fécondité mentale. » Rencontres affectives au cours d'un voyage.

En Maison IV : influence du cœur dans la vie du foyer, amour des enfants, du « home », de la famille.

En Maison V : accentue les dispositions de cette Maison. Individualité, plaisir, amour, spéculation, importance des enfants.

En Maison VI : la créativité est liée au job, l'expansion solaire se met au service des autres et des enfants (voir spéculation, finance, etc.).

En Maison VII : mariage d'amour ; les associations, l'union sont légalisés mais dépendent en partie de l'affectivité (création qui demande l'approbation des autres, public, etc.). Rôle social.

En Maison VIII : les amours doivent subir une transformation qui ne se fait pas sans une notion de renoncement.

En Maison IX : rencontre affective au cours d'un voyage, joie et plaisir à l'étranger. Les relations affectives sont idéalisées.

En Maison X : la créativité est liée à la réussite sociale (artistique). Sens des spéculations, des finances. Le sujet vit son expansion solaire dans le monde : succès (situations pouvant aider les enfants).

En Maison XI : relations affectives liées à l'amitié (amitiés amoureuses). Le sujet s'épanouit dans le collectif, projets et créations pour un vaste public. Réalisation des objectifs, succès.

En Maison XII : liaisons amoureuses secrètes, crises affectives (éducation dans un pensionnat). Difficultés et épreuves en ce qui concerne les caractéristiques de cette Maison.

MAÎTRE DE VI EN MAISON

En Maison I : le sujet se réalise en se servant des autres dans le travail ; importance des questions de santé.

En Maison II : le but du travail est de gagner de l'argent. Aptitudes pour les questions médicales qui peuvent avoir une influence sur la vie matérielle.

En Maison III : travail cérébral (tension par surmenage). Travail en liaison avec l'intellect, les déplacements, l'écriture ; le sujet se sert de son intelligence pour le service, le travail.

En Maison IV : travail que le sujet fait chez lui, dans son foyer, il se met au service de celui-ci (ennuis de santé dans la famille).

En Maison V : le sujet aime son travail (éducation, créativité, théâtre, distractions, spéculations) sont liés au job.

En Maison VI : intérêt pour la médecine, la diététique. Esprit d'analyse que le sujet met au service du travail.

En Maison VII : le travail est lié aux contacts avec les autres, aux contrats, à toutes formes d'associations.

En Maison VIII : les profondeurs de l'inconscient servent l'esprit. L'esprit d'analyse du sujet lui permet de transformer, de réorganiser dans les domaines liés aux capitaux, au psychisme (à l'au-delà).

En Maison IX : le sujet travaille à l'étranger (esprit de synthèse dans le job). Conceptions supérieures, idéalisme.

En Maison X : la réussite se fera par le besoin de servir, de travailler avec le monde (protection dans le job).

En Maison XI : projets, travail, amitié sont liés. Job dans la publicité : radio, télé, etc. (aide des relations).

En Maison XII : peut permettre au sujet de servir les autres là où ils souffrent, dans les endroits isolés (maladie chronique).

LE MAÎTRE DE VII EN MAISON

En Maison I : influence des associations, des contrats, de l'union de la vie sociale. Les autres s'adaptent au sujet, à sa personnalité.

En Maison II : les associations et l'union ont des répercussions sur les finances. Argent par les contrats.

En Maison III : les associations et l'union sont liées aux déplacements, aux écrits ; importance de l'intellectualisme dans les relations.

En Maison IV : l'union, les associations se font au foyer. « Le sujet s'associe avec la famille. »

En Maison V : union liée à l'amour, le sujet légalise une liaison. Aptitude à la créativité (art). « Vie sociale. »

En Maison VI : l'association, le conjoint ont un lien avec le travail. Le sujet aide le conjoint, job lié aux contrats (juriste, etc.).

En Maison VII : voir les aspects importants de cette Maison. Mariage, association, sens des réalités concernant ce domaine.

En Maison VIII : le sujet hérite du conjoint ou des associés (dons ou pension). Crise et renouvellement dans les associations et les contrats.

En Maison IX : le sujet se marie à l'étranger avec un (ou une) étranger(ère), partenaire d'un autre milieu ou d'une autre culture. « Protection. »

En Maison X : les associations et l'union ont une importance sur le fonctionnement de la vie sociale du sujet. La vie extérieure « sociale » est primordiale.

En Maison XI : association et union liées à l'amitié qui permettent au sujet de réaliser ses projets.

En Maison XII : union ou association secrète, car le sujet peut se sentir prisonnier d'une union officielle. Crise au sujet de celle-ci (fuite ou exil du partenaire).

MAÎTRE DE VIII EN MAISON

En Maison I : importance et vitalité de la vie psychique. Travail avec les capitaux, l'occultisme, tout ce qui oblige le sujet à transformer, à rénover (forte sexualité possible).

En Maison II : Le sujet sait gérer ses biens et ceux des associés. Possibilité d'héritage.

En Maison III : peut permettre des études concernant le mental, les idées, l'inconscient, les capitaux. « Ecrits possibles à ce sujet. » L'intellect agit en profondeur.

En Maison IV : l'expérience intérieure se fait au foyer ou est liée à l'hérédité du sujet. Bouleversement dans cette Maison (on hérite de biens immobiliers).

En Maison V : les expériences intérieures sont liées à

l'affectivité, la sexualité à la créativité sous toutes leurs formes.

En Maison VI : crise psychique ayant des répercussions sur la santé. Relation entre le job et les transformations, les découvertes liées à la santé, à la mort (le sujet peut travailler avec des capitaux).

En Maison VII : besoin des autres, de l'autre pour se transformer intérieurement. Bouleversement de la vie sociale ou des relations avec le conjoint ou l'associé, crises venant d'eux (héritages du conjoint ou de l'associé).

En Maison VIII : accentue le besoin de scruter les profondeurs (voir les aspects et la position du maître pour juger).

En Maison IX : besoin que la transformation intérieure soit sublimée (philosophie, etc.). Héritage venant de l'étranger.

En Maison X : les transformations servent à la réalisation de la vie sociale du sujet. « Ambition très forte. »

En Maison XI : la transformation intérieure se fait en liaison avec des expériences qui concernent les projets et les amis (le sujet aide ceux-ci moralement).

Maison en XII : importance de l'instinct, de l'inconscient, difficultés à exprimer ce que l'on vit intérieurement (crise concernant la solitude, l'isolement).

MAÎTRE DE IX EN MAISON

En Maison I : possibilité d'enseigner aux autres. Goût et don pour les problèmes abstraits, les études, la philosophie. « Le sujet juge en profondeur. » Idéalisme, grands voyages.

En Maison II : les relations financières se font avec l'étranger. L'intelligence, les études, l'enseignement, les conceptions supérieures permettent de gagner de l'argent.

En Maison III : longs voyages, hautes études, les pensées philosophiques, idéalistes vont se concrétiser. Entourage et rapport avec l'étranger.

En Maison IV : les conceptions morales et philosophiques viennent des parents. L'idéalisme se porte vers la famille : long voyage, un (ou une) étranger (ère) peuvent venir s'installer chez le sujet.

En Maison V : amour à l'étranger. Enfant conçu en voyage hors du pays natal. Les créations s'inspirent des conceptions morales et supérieures.

En Maison VI : les conceptions supérieures, le mental, l'idéalisme sont vécus concrètement dans le travail (liaison avec l'étranger, la santé).

En Maison VII : les autres, l'autre sont idéalisés : contrats, unions, associations à l'étranger.

En Maison VIII : les conceptions supérieures sont liées à l'intérêt que le natif(ve) porte au domaine psychique.

En Maison IX : hautes études, conceptions supérieures, le sujet est d'un niveau intellectuel très élevé : philosophe, etc. (voir le maître et les aspects pour juger).

En Maison X : le sujet exprime ses conceptions morales et philosophiques au grand jour, dans le monde. Grâce à sa réussite sociale, il guide les autres (carrière libérale, succès à l'étranger).

En Maison XI : les amis ont les mêmes conceptions morales ou philosophiques, les projets sont humanitaires (protection et projets liés à l'étranger). Réalisation des projets.

En Maison XII : l'isolement, l'exil va servir à l'esprit et permettre des études obligeant le sujet à aller en profondeur (sacrifice pour un idéal). Il peut s'exiler à l'étranger. Les opinions peuvent être une source d'épreuves.

MAÎTRE DE X EN MAISON

En Maison I : le sujet porte en lui les moyens de réaliser ses ambitions sociales, sa réussite. Sa situation va lui permettre de se réaliser.

En Maison II : la situation sera rémunératrice, elle peut avoir un lien avec les finances (réussite financière).

En Maison III : la réalisation de la situation sociale dépend de l'intelligence du sujet, des déplacements, des écrits et des relations de l'entourage.

En Maison IV : la famille peut intervenir dans la

réalisation sociale du sujet. Il réalise ses aspirations au foyer.

En Maison V : la situation est liée aux possibilités créatrices (le théâtre, les divertissements, etc.). Le sujet aime ce qu'il fait, il rayonne, ses réalisations personnelles le comblent (possibilités financières, spéculation, banque, etc.).

En Maison VI : les questions de santé, le sens du service influencent la situation ; le sujet se réalise en se mettant au service des autres.

En Maison VII : réalisations sociales par les contrats, les associations, l'union, le contact avec les autres.

En Maison VIII : la réalisation sociale est appelée à subir une transformation, une rénovation. Le sujet exploite les biens et les secrets des autres (banquiers, agents de change, etc.).

En Maison IX : la réalisation sociale est liée aux conceptions morales, à l'érudition, à une vocation, etc. Profession libérale (capacité juridique, scientifique, philosophique, intellectuelle). Honneurs à l'étranger.

En Maison X : le père peut jouer un rôle important dans le devenir social du sujet. Réussite et ampleur de cette vie sociale (célébrité). Voir maître et signe avant de juger.

En Maison XI : les amis, les projets permettent de se réaliser socialement (les projets sont vastes et enthousiastes, humanitaires). Popularité et succès.

En Maison XII : situations et ambitions secrètes, elles ne se réalisent pas au grand jour (hopitaux, occultisme, astrologie, etc.). Elles peuvent se réaliser à la suite d'une épreuve et de l'obligation pour le sujet de faire le point et de vivre une période solitaire s'ouvrant sur un choix de situation lié à la découverte, à une vocation cachée.

MAÎTRE DE XI EN MAISON

En Maison I : les amis, les projets vont permettre au sujet de se réaliser. Intérêt pour la vie politique et sociale (protection et appuis).

En Maison II : les projets, les appuis, les amis vont influencer la vie financière du sujet. Travail en collaboration ou relatif aux finances, à la publicité. Indépendance financière. « Aide et appui des autres. »

En Maison III : amis intellectuels ; les relations, les projets permettent à l'activité mentale de s'exercer. Projets liés aux déplacements, aux écrits, aux voyages.

En Maison IV : le foyer est le lieu où l'on reçoit ses amis, où l'on fait des projets à long terme. Amitié des amis dans la vieillesse. Soutien et aide de ceux-ci.

En Maison V : amitiés amoureuses qui se transforment en amour. Les amis participent à la vie créatrice du sujet et peuvent l'aider dans le domaine spéculatif (projets liés aux enfants, au théâtre, au jeu).

En Maison VI : amitiés et projets dans le travail, « le sujet est au service de ses amis ». Projets qui peuvent concerner la santé.

En Maison VII : le sujet épouse un (ou une) ami(e). Toutes formes de projets ou d'amitié sont liées à l'association ; il peut réaliser ses projets dans le mariage.

En maison VIII : les amis aident le natif(ve) (dons, legs, etc.) ou psychiquement à évoluer dans le sens d'une réalisation intérieure (aide et réconfort).

En Maison IX : amitié à l'étranger. Amis intelligents, cultivés, appuis légaux. Projets d'origine intellectuelle.

En Maison X : appui des amis dans la réussite sociale. « Aide à la réalisation des ambitions » qui ont toutes les chances de réussir. Projets politiques et sociaux.

En Maison XI : importance de la Maison, des projets, de l'amitié, des espoirs, des mouvements communautaires (juger d'après les aspects, le signe, etc.).

En Maison XII : les projets, les amitiés sont tenus secrets (amitiés et projets liés aux exilés, aux malades, aux religieux, aux prisonniers, etc.). Aide les sociétés secrètes.

MAÎTRE DE XII EN MAISON

En Maison I : besoin d'isolement ; l'expérience permet au sujet d'évoluer. Intérêt pour les choses secrètes, cachées. « Le sujet sent son âme. »

En maison II : l'argent peut provenir de revenus cachés, les affaires se traitent secrètement.

En Maison III : besoin de comprendre les choses cachées, les épreuves influencent le mental du sujet. Difficultés à se concentrer. Déplacements et écrits peuvent être liés à une épreuve.

En Maison IV : le foyer peut être isolé, le sujet se retire, il vit sa vie secrète chez lui (épreuves familiales).

En Maison V : bloque la création qui se fait dans le secret. Intérieurement, crise affective, liaison secrète (voir problème concernant la naissance d'un enfant).

En Maison VI : le travail peut avoir un lien avec la santé et s'effectuer dans un lieu isolé. Les épreuves sont d'origines physiques.

En Maison VII : la vie intérieure est liée aux associations, au couple : crise à ce sujet (voir procès).

En Maison VIII : importance de la vie inconsciente et secrète. Intérêt pour les choses occultes et cachées. Besoin d'aller dans les profondeurs de l'inconscient de l'être.

En Maison IX : le sujet vit intérieurement et dans la solitude ses idéaux, ses conceptions supérieures. Crise concernant les opinions du sujet.

En Maison X : ce que le sujet apprend dans la solitude ou lié à une retraite a un lien avec le devenir social. Obstacles et difficultés obligent le sujet à s'isoler. Il doit se servir de cette expérience pour pouvoir se situer socialement dans le monde.

En Maison XI : les projets, les espoirs, l'amitié sont soumis à l'obligation d'une prise de conscience plus ou moins douloureuse obligeant à la retraite.

En maison XII : renforce la signification de cette maison, vie intérieure profonde, travaux cachés (exils, épreuves).

INTERPRÉTATION DES ASPECTS

Abréviations

AH = Aspects harmoniques
Trigone
Sextile

AD = Aspects dissonants
Carré
Opposition

La conjonction est notée en toutes lettres.

Soleil en AH avec la Lune : Aspect d'équilibre, accord entre les tendances féminines et masculines. Le dialogue s'établit mutuellement avec l'autre sexe.

Soleil en AD avec la Lune : Dualités entre les valeurs féminines et masculines. Difficulté à dialoguer avec l'autre sexe (peut correspondre au désaccord du couple parental).

Conjonction Soleil et Lune : Aspect le plus personnel (observez la Maison où se trouve cette conjonction, ses rapports avec les autres planètes). Aspect de créativité, de fécondité sociale. Le public, la foule jouent un rôle dans la vie du sujet.

Indifférenciation des valeurs masculines et féminines.

« Importance de la mère. » L'écart entre le Soleil et Mercure est de 28° maximum ; ces deux astres ne forment pas d'aspect dissonant.

Etudions la conjonction :

Conjonction Soleil et Mercure : Le sujet est nerveux, sensible, toujours en mouvement, instable, il s'intéresse à mille choses à la fois, il s'éparpille. Ses idées changent ; à l'âge adulte, il ne se reconnaît pas dans l'adolescent qu'il a été. Il doit apprendre à ce concentrer et à dominer sa nervosité.

Soleil et Vénus : Comme Mercure, Vénus est à proximité du Soleil et ne forme avec lui aucun aspect dissonant.

Etudions la conjonction :

Soleil conjoint à Vénus : Le sujet charme, séduit, il idéalise ses sentiments. Cet aspect favorise les carrières artistiques et les contrats sous toutes leurs formes.

Soleil en AH avec Mars : Le sujet s'exprime dans l'action, courageux, lutteur, il veut gagner et en a les moyens. Il met son agressivité au service d'une réalisation positive. Aspect type du « leader self made man ».

Soleil en AD avec Mars : Le sujet entre en conflit avec tout ce qui représente l'autorité, le pouvoir. C'est le contestataire type, il agit d'une manière impulsive, sans but précis, son agressivité se retourne souvent contre lui (possibilité d'une influence paternelle autoritaire).

Soleil conjoint à Mars : Le sujet est stimulé par une énergie peu commune. Enthousiaste, autoritaire, impatient, il a besoin de lutter, de gagner, d'être le premier, de se dépasser. Il met son agressivité au service d'un idéal (être chez lui = agir).

Soleil en AH avec Jupiter : Le sujet a le pouvoir pour agir dans un cadre légal, social en accord avec son milieu : diplomate, volontaire, son insertion et expansion sociale se font facilement. Aspect de réussite, d'optimisme, de force vitale, de chance.

Soleil en AD avec Jupiter : Le sujet est convaincu qu'il est le meilleur. Sa confiance exagérée en lui-même, son impatience devant les obstacles, ses changements d'humeur, son ambition démesurée peuvent l'entraîner à commettre des imprudences qui risquent d'être sanctionnées par des déboires financiers ou légaux.

Soleil conjoint à Jupiter : Le sujet agit en accord avec son milieu. Sociable, ambitieux, optimiste, volontaire, il possède un jugement remarquable et réussit grâce à son adaptation innée du jeu social. Il réalise les objectifs qu'il se fixe, ceux qui lui procurent honneur et protection. « Aspect de chance. »

Soleil en AH avec Saturne : Le sujet est sérieux, méthodique, déterminé, responsable. Il possède un grand pouvoir de travail. Efficace, réaliste, il s'adapte aux exigences sociales. Il a le temps pour lui ; patient, il se donne des objectifs à longs termes. Dans l'enfance, il peut se sentir un peu vieux par rapport à son entourage (à la limite, cet aspect peut être contraignant en première partie de sa vie mais avantage la maturité).

Soleil en AD avec Saturne : (Peut indiquer une séparation avec le père ou une carence affective d'origine familiale.) Le sujet a peur des responsabilités devant les obstacles, les objectifs à longs termes ; il a tendance à renoncer. Il abandonne avant d'avoir atteint son but. Il peut se complaire dans un climat d'échec ; sa difficulté est de sortir de l'enfance afin d'accéder à la maturité.

Soleil conjoint à Saturne : Peut indiquer une influence familiale et une éducation trop rigide (voir rapport avec le père). Le sujet ne se laisse pas aller, sa maturité est précoce, la conscience de ses responsabilités se fait tôt. Grave, sérieux, solitaire, il a l'impression de porter le monde sur ses épaules. Sa difficulté est de participer d'une façon joyeuse à la vie (selon les tendances du thème : inhibition).

Soleil en AH avec Uranus : Le sujet possède une forte personnalité ; original, indépendant, doué, il éprouve le besoin de coopérer avec les autres : il les entraîne, les stimule, leur fait découvrir des idées et des voies nouvelles, et il est attiré par tout ce qui est d'avant-garde, progressiste, révolutionnaire, hors du commun. Cet aspect peut laisser supposer chez le sujet une vocation précise.

Soleil en AD avec Uranus : Cet aspect n'enlève rien au don, à la personnalité du sujet, mais le pousse à agir d'une manière anarchique, excentrique. Son goût pour l'aventure, sa difficulté d'adaptation à la vie moderne, sa surexcitation, son excentricité l'amènent à se révolter contre des groupes ou la collectivité en général. Aspect d'opposition entre la volonté individuelle et les valeurs collectives.

Soleil en conjonction avec Uranus : Le sujet possède une personnalité exceptionnelle. Original, c'est un individualiste farouche, doué, talentueux. Il sait entraîner les autres qui s'associent naturellement à ses projets. Il doit garder son indépendance et sa liberté d'action. Son manque de souplesse, sa difficulté à accepter les contraintes ou la discipline l'empêchent de fonctionner dans un système rigide et classique. Les carrières littéraires, scientifiques ou créatives, les méthodes modernes d'avant-garde lui permettent de se réaliser.

Soleil en AH avec Neptune : Le sujet est un visionnaire, intuitif, hypersensible, esthète, idéaliste, réceptif à tous les courants ; il sent qu'il a une mission à accomplir soit en se réalisant dans une carrière artistique (ou liée à la collectivité politique, etc.). Aspect de sublimation, de vocation.

Soleil en AD avec Neptune : Le sujet vit dans un climat d'illusions et se fixe des objectifs chimériques, utopiques. Sa vision des choses est confuse, vulnérable à tous les courants ; il cherche à fuir la réalité par des moyens artificiels.

Soleil conjoint à Neptune : Le sujet a un charme particulier, intuitif. Doué, imaginatif, esthète, hypersensible, idéaliste, il se réalise dans un projet d'ordre artistique, collectif, social. Il peut avoir des difficultés à assumer la réalité quotidienne. Cet aspect, malgré le risque d'instabilité qu'il comporte, protège le natif(ve).

Soleil en AH avec Pluton : Le sujet a une vision des choses du monde très personnelle. Il ne partage pas les idées des autres, il s'oppose aux idées reçues, aux tabous, il trouve en lui-même les moyens de rénover, reconstruire, créer hors des sentiers battus. C'est un être fort, juste, créatif, indépendant, hors du commun.

Soleil en AD avec Pluton : Le sujet est excessif, révolté, il lutte contre lui-même et se trouve en conflit avec la morale et ses instincts. La sexualité peut être mal vécue. Impulsif, instinctif, il passe de l'inertie à la violence, d'où angoisse, culpabilité. Il peut sublimer sa violence dans un domaine où il doit lutter.

Soleil conjoint à Pluton : Le sujet a une personnalité hors du commun. Les bouleversements, les difficultés sont un moyen pour lui de devenir plus fort, plus lucide. Les crises sont fécondes et créatrices, le sujet connaît instinctivement « pourquoi il est fait » ; aspect de lucidité.

Lune en AH avec Mercure : Le sujet se sert de sa mémoire, de son intuition, de son imagination, de son émotivité dans sa relation avec les choses, les autres. Lucide, son intelligence est analytique, souple, adaptable, toujours en mouvement, curieuse. Aspect d'équilibre mental.

Lune en AD avec Mercure : L'intelligence, l'émotivité, l'imagination du sujet ne sont pas pris en charge par la lucidité. Son sens de l'analyse est défaillant : nerveux, irritable, instable, il agit d'une manière irréfléchie et commet des erreurs de jugement (il peut avoir des difficultés à se concentrer.)

Lune en AH avec Vénus : Le sujet vit en accord avec sa sensibilité, son imagination, son intuition. Sociable, charmeur, sa vie émotionnelle affective est vécue sur le ton de l'harmonie et de l'accord.

Lune en AD avec Vénus : Les rapports émotionnels sont difficiles. L'équilibre du sujet est fragile, il a des difficultés à s'engager affectivement, sa sentimentalité chronique le pousse à vivre dans un climat romantique mais peu réaliste. Il peut sublimer sa vie affective dans une création artistique. Aspect narcissique.

Lune conjointe à Vénus : Le sujet a du charme ; imaginatif, sensible, esthète, il s'épanouit et s'exprime dans une activité orientée vers les arts, la décoration, la beauté, etc. L'affectivité du sujet coopère avec son imagination pour créer un climat d'équilibre affectif.

Lune en AH avec Mars : Le sujet se sert de son émotivité, de sa sensibilité dans un but constructif. Il est courageux, énergique et sait prendre des initiatives. L'action est féconde. Dynamique, la sensibilité du sujet est au service de son instinct dans le sens d'une action positive. La demande affective est au-dessus de la moyenne.

Lune en AD avec Mars : Dans un thème féminin : conflit avec la mère, la féminité. Le sujet a besoin de se battre ; ses pulsions, sous l'emprise de l'émotion, le poussent à se confronter aux autres, à prendre des risques. Il a le goût de la contradiction, il revendique systématiquement, il est le leader, le porte-parole d'un groupe qui représente la contestation (syndicalisme, etc.).

Lune conjointe à Mars : Le sujet est impulsif, il agit sous l'emprise de ses émotions. L'action est rapide, irréfléchie, nerveuse, risquée. Sa nervosité est extrême, il éprouve de la difficulté à la dominer. L'imagination est exacerbée. Il doit choisir une voie où l'initiative, l'autorité, le besoin d'agir immédiatement soient indispensables. « La nature est contradictoire. »

Lune en AH avec Jupiter : Le sujet est expansif, généreux, équilibré, joyeux, positif. L'imagination est constructive. Le sujet ne manque de rien, même dans les moments de crises il se trouve protégé. « Facteur de chance. »

Lune en AD avec Jupiter : Le sujet ressent les choses d'une manière exagérée, cyclique, tantôt gaie, tantôt triste. Il a en général une vision trop optimiste des situations ; sa confiance en lui, son insouciance débouchent sur un certain laisser-aller qui peut être sanctionné par la société et tout ce qui représente la légalité.

Lune conjointe à Jupiter : Le sujet agit dans un cadre légal. Social, il aide les autres et peut se trouver en contact avec la foule, le public, la masse. Cet aspect favorise les fonctions officielles et représentatives, « la réussite sociale ». Le sujet voyage à travers sa vie émotionnelle qui est riche, féconde et créatrice.

Lune en AH avec Saturne : Le sujet maîtrise sa sensibilité, sa vie émotionnelle, sa sentimentalité. Il est sérieux, déterminé, patient, il agit en accord avec ses principes et la raison. Il se donne des objectifs à longs termes et grâce à sa patience, son sérieux, sa détermination, il les atteint. « Intérêt pour l'Histoire, la politique, le passé en général. »

Lune en AD avec Saturne : Aspect de sevrage émotionnel, de frustration affective venue dans l'enfance (voir rapport avec les parents). Le sujet a peur de l'abandon, de la séparation, de perdre. Sa difficulté est de sortir de l'enfance, il doit renoncer ou perdre quelque chose pour acquérir la maturité. Il peut vivre de deux manières :

- boulimie affective ou financière, besoin exagéré de possession ;
- renoncement, indifférence, frigidité. Peur de vivre, de se fixer, de manquer. En général, il vit alternativement ses deux tendances.

Saturne conjoint à la Lune : Le sujet ne se permet rien, il a besoin de s'isoler. L'émotion, la sensibilité, l'imagination vont être soumises à une discipline sévère. Pas question pour lui de demeurer longtemps dans l'enfance. « Maturité précoce. »

Lune en AH avec Uranus : La sensibilité, l'émotivité du sujet vont nourrir et vitaliser sa pensée. Intuitif, inventif, original, ennemi de la routine, il a besoin de participer à des projets collectifs tout en restant un individualiste farouche. Il communique intellectuellement avec les autres, il domine sa vie instinctive. Aspect d'équilibre entre la pensée et l'émotivité.

Lune en AD avec Uranus : Original, excentrique, le sujet a besoin de mouvements, de changements. Il ne rentre pas dans le rang et se trouve en conflit avec l'opinion dominante (chez la femme : refus possible de sa féminité ; chez l'homme : conflit avec la femme, la mère). Aspect : l'instinct et l'émotivité du sujet sont envahissants.

Lune en conjonction avec Uranus : Le sujet est indépendant, doué, individualiste, émotif, original, inventif. Il a besoin d'espace, s'intéresse à tout ce qui est nouveau, d'avant-garde, insolite. Il doit choisir une activité où son intelligence, ses dons puissent se manifester (intérêt pour les sciences et techniques nouvelles). Aspect qui peut déboucher sur un don.

Lune en AH avec Neptune : Le registre de la sensibilité du sujet est étendu. L'intuition, l'imagination, le rêve, l'inspiration aident le sujet à se réaliser dans sa vie quotidienne (création artistique possible). Le sujet idéalise ses rapports avec les autres, il participe et s'associe à des mouvements communautaires : humanitaires, religieux, artistiques. Aspect de foi et de protection.

Lune en A.D. avec Neptune : La difficulté vient des rapports du sujet avec la réalité. Sa sensibilité exacerbée, son imagination, son irréalisme, sa vulnérabilité à tous les courants le poussent à être passif et à se complaire dans un monde irréel. Sa vision est chaotique, confuse, irrationnelle, sensible au merveilleux. Il a besoin de se raconter une autre vie, une autre histoire et de fuir la réalité.

Lune en conjonction avec Neptune : Nature psychique, médiumnique. Le sujet est intuitif, l'inconscient est envahissant, il a besoin d'ailleurs, d'évasion, de fuite, de rêve. Il perçoit mal la réalité, elle ne fait pas partie de son monde. Cet aspect exalte les émotions et rend le sujet vulnérable. L'inspiration, la sensibilité peuvent être une source d'inspiration artistique.

Lune en AH avec Pluton : Le sujet possède le don de souder, d'analyser, de guérir, de transformer, de réformer. Intelligent, créatif, positif, profond, il initie les autres dans des domaines hors du commun (il a un flair remarquable et peut s'en servir dans les affaires ou les finances). Aspect de la fécondité sociale.

Lune en A.D. avec Pluton : Rebellion et tension psychique. Le sujet se sent bloqué, angoissé, en conflit avec lui-même. Les pulsions sont instructives, chaotiques. Les crises sont d'origine psychique. Il éprouve des difficultés à se concentrer, la mémoire peut être défaillante. Aspect d'orgueil, de tension, d'origine inconsciente.

Lune conjointe à Pluton : Importance de l'émotion, de l'instinct. Le sujet vit ses rapports avec les autres d'une manière douloureuse ; l'inconscient travaille à une transformation de la personnalité. Orgueilleux, intuitif, révolté, il a un sens de l'analyse inné et peut se réaliser dans les carrières ayant un rapport avec l'inconscient, le monde des choses cachées ou secrètes.

Mercure en aspect avec Vénus : Il ne peut avoir que deux aspects : la conjonction ou l'aspect harmonique.

Mercure en AH avec Vénus : Le sujet se sert de son intelligence dans ses rapports avec les autres. L'affectivité et l'intellect coopèrent. Aspect qui favorise les activités commerciales liées à l'art, à la beauté. Le sujet séduit par la parole, les écrits.

Mercure conjoint à Vénus : Le sujet séduit par la parole, les écrits, il communique facilement avec les autres, « il aime plaire ». Les contrats sont nombreux. La vie affective commence tôt.

Mercure en AH avec Mars : Le sujet s'exprime intellectuellement par la parole et les écrits. Il sait convaincre, argumenter. Il a le sens de la polémique, le goût de la contradiction, et il sait séduire son auditoire par la parole, l'humour. Il prend des initiatives hardies, décisives et dynamiques. Aspect d'habileté mentale et manuelle.

Mercure en AD avec Mars : L'impulsivité du sujet domine la raison, il agit d'une manière nerveuse, irréfléchie. L'initiative, le goût de la décision existent mais le sujet s'exprime d'une manière agressive, maladroite. Il cultive le goût de la discussion et supporte mal la contradiction. Il crée autour de lui un climat de tension, d'où situations conflictuelles avec l'entourage.

Mercure en conjonction avec Mars : Le sujet met son intelligence au service d'une action. Agir = penser. L'intellect est rapide, mordant, brillant, virulent. Le sujet a le sens des réparties, il se bat pour ses idées et son action est précise, rapide. Aspect qui détermine une certaine habileté dans les entreprises, les initiatives qui, par ailleurs, sont nombreuses.

Mercure en AH avec Jupiter : L'intelligence du sujet lui permet de s'adapter, de comprendre, d'expliquer, de jouer un rôle dans un cadre légal. Il représente un groupe, il est le porte-parole de son milieu, son intelligence lui permet de tirer des avantages pratiques et matériels. Aspect d'équilibre nerveux et de vitalité mentale.

Mercure en AD avec Jupiter : L'intelligence du sujet s'emballe, s'impatiente, elle n'est pas prise en charge par la lucidité. Le sujet bâtit des châteaux en Espagne ; l'enthousiasme, le goût pour les grands desseins existent mais le sujet veut tout rapidement. Son anticonformisme, son inadaptation à la routine, son insouciance en font un être en désaccord avec son milieu.

Mercure en conjonction avec Jupiter : L'intelligence du sujet s'enthousiasme, elle est ouverte, expansive. Le sujet est le porte-parole de ses idées, de ses opinions qui sont en accord avec son milieu. Cet aspect engendre des circonstances favorables dans la vie courante et professionnelle. Il peut représenter, guider les autres, les défendre, les juger. Aspect d'équilibre, d'affirmation personnelle, d'adaptation.

Mercure en AH avec Saturne : Développe chez le sujet la capacité intellectuelle et le pouvoir de concentration. L'intelligence se rallie à la raison, va en profondeur. Le sujet prend du temps et du recul pour juger et atteindre ses objectifs. Cet aspect lui donne le don des mathématiques, de la gestion et une attirance pour tout ce qui concerne le passé, l'histoire.

Mercure en AD avec Saturne : Le sujet éprouve des difficultés à se concentrer ; peu sociable, rancunier, critique, il a des difficultés à s'exprimer clairement et donne l'impression d'être limité intellectuellement. Il est impatient, en contradiction avec lui-même, il manque de confiance en lui et a des difficultés à atteindre ses objectifs. Aspect pouvant déboucher sur des tendances dépressives.

Mercure conjoint à Saturne : Le sujet pèse le pour et le contre, il se méfie, doute, critique, ne voit que le côté négatif des situations. Minutieux, pointilleux. Il a le goût du travail bien fait et son jugement est bon. Il a besoin de s'isoler et communique difficilement avec les autres. Aspect de frustration, pessimisme, tendance dépressive (peut laisser supposer une adolescence difficile).

Mercure en AH avec Uranus : L'intelligence est originale, inventive, indépendante. Le sujet est attiré par les techniques et sciences nouvelles. Les voyages, le mouvement, l'espace sont des moyens d'expression. Le mental est tourné vers le progrès. Le sujet a le don de communiquer avec les autres.

Mercure en AD avec Uranus : Le sujet est créatif mais ne contrôle pas ses impulsions. Exagéré, il est attiré par l'aventure, les nouveautés. Dans sa création, son esprit de contradiction, son besoin de brûler les étapes le font agir avec fanatisme sous l'emprise d'une tension mentale qui l'amène à entrer en conflit avec les autres. Il a intérêt à choisir une activité indépendante et à contrôler sa tendance à « tout systématiser ».

Mercure conjoint à Uranus : L'intelligence est indépendante, curieuse, hors du commun. Le sujet est sociable et a des idées avancées. Les voyages, le mouvement, l'espace sont liés à sa vie. Aspect d'intensité mentale, risque de déséquilibre et d'instabilité. Le système nerveux est mis à dure épreuve.

Mercure en AH avec Neptune : L'intuition, l'imagination, le rêve, la foi, l'inspiration sont utilisés par le sujet d'une manière positive. Il se sert de sa sensibilité, de sa vision particulière dans le domaine de l'art ou de la poésie. L'intelligence garde son autonomie et se met au service d'un idéal.

Mercure en AD avec Neptune : Le sujet ne saisit pas la réalité. Les entreprises sont utopiques, les pensées et idées confuses. L'intelligence s'égare et le sujet poursuit un idéal en laissant sa sensibilité prendre les rênes sans discernement. Pour se réaliser, le sujet doit imposer une discipline à son besoin d'évasion, de fuite.

Mercure en conjonction avec Neptune : L'intuition, l'imagination, la sensibilité créatrice inspirent l'intelligence. Le sujet est un idéaliste, ses idées sont hors du commun, l'intelligence est visionnaire. L'intuition compense les difficultés du sujet face à la réalité. Il sent les ambiances et les pensées des autres, sa perception est très développée. Aspect : débouchant sur des dons.

Mercure en AH avec Pluton : Le sujet possède un sens critique inné. Il va jusqu'au fond des choses, s'intéresse à tout ce qui est caché, inconscient. Il remet à jour les choses cachées que les autres ne peuvent découvrir et cherche à comprendre les raisons des choses qui font agir ses semblables. Don de déduction, d'analyse, d'intuition.

Mercure en AD avec Pluton : Le sujet a besoin de contredire, de critiquer, de se heurter verbalement aux autres. C'est un tourmenté, compliqué, attiré par les intrigues. L'intelligence est au service d'une révolte. Le sujet a des difficultés à mettre de l'ordre dans ses idées, il « manque d'objectivité ».

Mercure conjoint à Pluton : Le sujet sent ce que les autres cachent. Il analyse très vite les situations et a le sens du diagnostic immédiat, ce qui peut lui servir dans le monde des affaires. Il est attiré par des domaines hors du commun. Aspect de surexcitation mentale.

Vénus en AH avec Mars : Le dialogue s'établit entre le cœur et l'action, l'affectivité inspire les initiatives dans un sens constructif. Le sujet possède un équilibre affectif, les associations sont favorisées, les rapports avec les autres sont harmonieux, épanouissants. Aspect qui débouche sur l'expansion sociale ou affective.

Vénus en AD avec Mars : Le sujet réagit d'une manière passionnelle excessive, instinctive. Il peut aimer et haïr la même personne, désirer sans aimer, aimer sans désirer. Son émotivité le domine, il a des difficultés à vivre avec l'autre et les autres malgré le désir qu'il en a.

Vénus en conjonction avec Mars : Le sujet vit dépendant de la puissance de ses émotions. Il influence les autres par sa capacité à s'engager, se passionner ; il sait les convaincre, leur parler, les séduire et leur communiquer sa propre vision émotionnelle (aspect type de la séduction).

Vénus en AH avec Jupiter : Les deux planètes les plus bénéfiques, les plus gaies s'unissent et apportent au sujet protection, chance matérielle, affective. Le sujet agit en accord avec son milieu, il s'épanouit d'une manière généreuse. « Il a le goût du bonheur. »

Vénus en AD avec Jupiter : Le sujet possède un puissant appétit de vivre mais sa vitalité ne tient pas compte de la réalité. Son enthousiasme, sa confiance en lui, ses demandes excessives de plaisir rendent son jugement défaillant. Aspect pouvant déboucher sur un conflit entre l'orgueil et l'amour. « On aime la facilité. »

Vénus conjoint à Jupiter : Aspect de chance, d'expansion matérielle et affective. Le sujet se réalise au travers d'une activité lucrative, agréable, créative, en rapport avec les autres. Il réussit, il peut guider les autres dans leur choix, il attire la sympathie.

Vénus en AH avec Saturne : Le sujet contrôle son affectivité, sa vie émotionnelle, il est fidèle à ses attaches. Sérieux, prévoyant, il a besoin de construire sur des bases solides en accord avec sa conscience. Les postes à responsabilité qui demandent de la patience et du temps lui permettent de se réaliser.

Vénus en AD avec Saturne : Le sujet vit son affectivité, sa vie émotionnelle avec difficulté. Aspect de frustration, peur de l'abandon, de séparations sous toutes leurs formes. La maturité affective se fait avec des phases de solitude, de responsabilités lourdes à porter. La sensibilité est source de douleur. La vie sociale peut l'emporter sur la vie personnelle (voir rapports parentaux difficiles).

Vénus conjoint à Saturne : Absence de passion, manque de spontanéité, le sujet domine ses pulsions. Sa difficulté à vivre sa vie personnelle peut être compensée par une ambition sociale qui prend le pas sur la vie affective. La vie personnelle est liée à des responsabilités et une certaine gravité. Aspect de fidélité.

Vénus en AH avec Uranus : Le sujet transmet sa propre émotion, c'est son moyen de communiquer avec les autres. Original, indépendant dans ses sentiments, ceux-ci sont cérébralisés. Il ne partage pas toujours l'émotion qu'il provoque, il observe ses sentiments avec un certain détachement (aspect favorisant les contacts avec la foule).

Vénus en AD avec Uranus : Le sujet aime séduire, mais il éprouve des difficultés dans les rapports où l'affectivité joue un rôle. Le cœur est original mais jamais satisfait, toujours sous l'emprise des émotions excessives, d'où tension et dramatisation des relations (état d'émotivité chronique).

Vénus conjointe à Uranus : Le sujet communique affectivement avec les autres sur le ton de l'anticonformisme, de l'indépendance et loin des normes. Son potentiel émotionnel et sa sensibilité lui permettent de communiquer et de transmettre sa propre émotion aux autres : « L'affectivité appartient au monde collectif. »

Vénus en AH avec Neptune : Le sujet idéalise ses sentiments, ceux-ci sont nourris de rêve, d'inspiration romanesque ou mystique. Aspect d'harmonie et de communion avec le cœur et l'âme. Le sujet peut se consacrer à un idéal, une passion, une vocation religieuse. Aspect de créativité, de vocation artistique.

Vénus en AD avec Neptune : le sujet est à la recherche d'un idéal chimérique. Il a des difficultés à percevoir la réalité affective, d'où risque de désillusions, d'aberration affective et matérielle. Tendance à fuir la réalité. « Il rêve. » Les amours sont compliquées, chaotiques, utopiques.

Vénus en conjonction avec Neptune : Le sujet se sent emprisonné par sa vie émotionnelle. Il peut « posséder un don particulier (artistique) » mais encore faut-il qu'il puisse agir. Sa tendance à se laisser porter par les événements, les autres ne lui permettent pas de transmettre sa propre vision des choses. Aspect de tension émotionnelle, facteur de charme, de séduction, d'esthétisme. Le sujet se fie à sa propre morale, sa propre vision des choses.

Vénus en AH avec Pluton : Le sujet possède un magnétisme personnel qui lui permet de séduire, d'influencer les autres. Il est inspiré par une passion profonde qui peut déboucher sur une vision personnelle dans le domaine créatif. Le jugement est fort, le sens de la justice inné. L'instinct est profond et lui permet de renaître après les crises qui sont fécondes et enrichissantes.

Vénus en AD avec Pluton : Le sujet vit sa vie affective en conflit entre l'amour, la haine et la sexualité. Une partie de sa vie amoureuse reste cachée, obscure, vécue dans l'angoisse, le doute, le besoin de détruire. « Les sentiments sont ambivalents. »

Vénus en conjonction avec Pluton : Le sujet vit une passion « décapante ». Crise affective et sexuelle. Magnétisme personnel. Il peut s'attacher à ce qui fait mal. Difficulté à aimer longtemps. Aspect de grandes puissances créatrices.

Mars en AH avec Jupiter : Le sujet s'enthousiasme pour les grandes entreprises qui demandent de l'initiative, il a besoin de s'engager. Son optimisme et son goût de l'action lui permettent de réussir et d'être cautionné par son milieu social. Aspect de chance matérielle.

Mars en AD avec Jupiter : Le sujet agit d'une manière impulsive. Il est impatient, dépasse la mesure et manque de jugement dans ses actes. Enthousiaste, sa confiance en lui peut lui jouer des tours et créer des désaccords. Il se heurte aux lois, aux usages et aux règles établis d'où conflits. « Il doit se discipliner. »

Mars en conjonction avec Jupiter : Le sujet se lance dans l'action avec enthousiasme, générosité, courage, impatience, témérité. Le sujet est constructif, politique, social. Le sujet entraîne les autres dans ses projets. Le sujet, par sa nature, force la chance et les résistances.

Mars en AH avec Saturne : L'instinct, l'impulsion, l'action, le mouvement s'associent à la prudence et à la réflexion. Le sujet est conscient de ses responsabilités, objectifs à longs termes qui lui fixent de la patience, du sang-froid, de la détermination. Aspect qui permet au sujet de prendre des décisions dans des conditions difficiles.

Mars en AD avec Saturne : L'énergie, l'impulsivité s'associent à l'agressivité. Le sujet a le goût du pouvoir, l'action est violente, réalisée avec froideur et calcul, sans patience ni pondération.

Mars en conjonction avec Saturne : L'action, l'impulsion sont soumises à la réflexion, la prudence. Le sujet peut réussir dans des domaines qui demandent patience, ténacité. Aspect : restrictif, l'action est solitaire.

Mars en AH avec Uranus : L'action, l'activité sont nerveuses, les décisions interviennent rapidement, souvent d'une manière imprévisible. Le sujet a besoin de liberté, d'indépendance. Il choisit une activité où il n'est pas limité dans ses décisions. Dynamique, il stimule et entraîne les autres à participer à ses projets. Aspect de puissance, esprit d'entreprise.

Mars en AD avec Uranus : Le sujet agit sous l'emprise d'une tension nerveuse extrême. Le dynamisme est brutal, la conduite risquée. Il ne réfléchit pas, agit pour s'affirmer d'une manière excentrique, exaltée, nerveuse. Intransigeant, coléreux et cassant, il a besoin de s'arrondir et de pouvoir défouler son agressivité d'une façon positive.

Mars en conjonction avec Uranus : Le sujet agit d'une manière impulsive, nerveuse. Il a le goût des entreprises périlleuses, risquées. Besoin de changement immédiat, de nouveauté, il ne supporte pas la discipline (tendances extrémistes).

Mars en AH avec Neptune : La vie spirituelle, le rêve inspirent l'action. Le sujet est au service d'un idéal, d'une lutte, d'une foi. Emotif, sensible, il a besoin de donner, d'être au service des autres. Le sujet possède un talent particulier, un don.

Mars en AD avec Neptune : Le sujet est émotif, exalté, il agit sans tenir compte de la réalité. Il ne contrôle pas l'action, l'instinct vital l'entraîne à concevoir des projets merveilleux, romantiques, sans tenir compte de la raison et de la morale. Il agit d'une manière anarchique. Il doit faire attention à ses relations et apprendre à contrôler ses impulsions.

Mars en AH avec Pluton : Le sujet possède une résistance peu commune, il a le goût de la lutte. Courageux, il peut mettre son agressivité au service d'un objectif difficile où la capacité à réformer, reconstruire, rénover se trouve déterminante.

Mars en AD avec Pluton : Le sujet est instinctif, révolté, violent. Son besoin inconscient de détruire, son manque de souplesse, de diplomatie lui font vivre des situations où il se heurte aux autres. Il doit contrôler sa violence et son agressivité.

Mars conjoint à Pluton : Le sujet se révolte, lutte, poursuit son action sans s'arrêter. Il a besoin de détruire afin de pouvoir reconstruire autrement mais il le fait d'une manière violente et irrationnelle. Il doit apprendre à dominer son agressivité instinctive.

Jupiter en AH avec Saturne : L'expansion, l'enthousiasme sont pris en charge par le sens pratique. La sagesse, le réalisme, l'élan vital sont au service d'un objectif prestigieux, généreux qui demande du temps, des compétences, de la profondeur et de la méthode. Excellent aspect pour les dirigeants d'entreprises, les enseignants, les politiciens. Aspect de stabilité dans les associations.

Jupiter en AD avec Saturne : Le sujet ne contrôle pas son élan vital et son enthousiasme. Il a des objectifs grandioses mais il manque de lucidité, de sens pratique, de réalisme, d'esprit de suite et de persévérance. Il doit contrôler son besoin de rendement immédiat. Aspect qui peut donner au sujet une impression de frustration.

Jupiter conjoint à Saturne (conjonction assez rare) : A travers son élan vital et son enthousiasme, le sujet doit tenir compte des exigences de la réalité, de la méthode, de l'effort du temps. Dualité entre l'instinct de conservation et l'optimisme enthousiaste. Le sujet est réaliste, logique, il a un objectif ou un idéal qu'il atteint lentement avec méthode. La maturité est la période la plus favorable.

Jupiter en AH avec Uranus : Le sujet, par sa personnalité, influence les autres et vit son besoin d'indépendance dans le sens d'une affirmation de lui-même. Il sait naturellement choisir la voie où il se sent efficace. Aspect d'altruisme, d'enthousiasme, d'efficacité.

Jupiter en AD avec Uranus : Le sujet ne supporte pas la monotonie et a besoin d'horizons nouveaux. Indépendant, il ne supporte aucune contrainte qui puisse heurter son besoin de liberté. Il agit sans réfléchir, impulsivement, et manque de jugement, ce qui l'entraîne vers des conflits avec les autres. Il doit dominer ses élans et apprendre à ne pas trop se fier à sa confiance en lui-même.

Jupiter conjoint à Uranus : Le sujet a une personnalité forte, originale, créative, indépendante, enthousiaste. L'élan vital aide les réalisations et lui permet d'atteindre des objectifs hors du commun. Il est capable d'innover, d'enseigner, de participer à la vie sociale et collective en étant le porte-parole d'un groupe, d'une philosophie, d'un mouvement.

Jupiter en AH avec Neptune : L'enthousiasme, l'élan vital vivent en accord avec le monde spirituel. Le sujet a besoin de donner, de se dévouer pour une cause, une foi, un idéal. Il possède en lui une vocation précise, une intuition authentique qui lui permet de sentir juste et d'aider les autres.

Jupiter en AD avec Neptune : L'élan vital et l'enthousiasme sont à l'écoute d'un monde intérieur, chaotique. Les démarches sont anarchiques, extravagantes, désordonnées. Le sujet est à la recherche éperdue d'un idéal qu'il perçoit mal. Tendance à céder à la facilité, aux compromis douteux.

Jupiter conjoint à Neptune : Aspect de protection. Richesse de l'esprit. L'enthousiasme, l'élan vital sont alimentés par une énergie spirituelle. Le rêve, l'instinct, la foi en un idéal, le besoin d'évasion permettent au sujet d'atteindre les autres, de les toucher, de les rallier à une cause.

Jupiter en AH avec Pluton : L'instinct vital où l'ambition est créatrice. Le sujet a un pouvoir sur les autres. Intuitif, il possède une puissance de création peu commune. Il guide les autres dans tout ce qui est caché, secret, inconscient. Il a la possibilité de vivre en marge de la société.

Jupiter en AD avec Pluton : La puissance créatrice, l'élan vital existent mais le sujet a peur, il est angoissé. Objet de crise entre ce qui est conscient et inconscient, il a tendance aux excès, au besoin de dominer, d'avoir le pouvoir ou la puissance par des moyens matériels d'origine plus ou moins douteuse.

Jupiter en conjonction avec Pluton : La personnalité est forte, le sujet possède un pouvoir sur les autres. Il se développe avec l'aide de l'instinct qui nourrit l'élan vital et permet la transformation de la personnalité grâce à une création ou un don particulier. Le sens de la justice est très développé, le sujet peut enseigner, guider les autres et redonner vie à tout ce qui est ancien, caché, enfoui, aussi bien sur un plan matériel (archéologue, historien) que sur un plan plus personnel qui concerne la relation avec la partie cachée et inconsciente de l'individu (psychologue, psychiatre, etc.).

Saturne en AH avec Uranus : Le sujet associe les autres (amis, relations, groupe, etc.) à ses projets. Les réalisations concrètes se font naturellement. Il choisit une activité indépendante mais bien déterminée. Aspect de réalisation ambitieuse qui demande du temps et une certaine maturité intellectuelle. « Don politique possible. »

Saturne en AD avec Uranus : Le sujet vit en conflit entre la tradition et le progrès, il a des difficultés à concrétiser ses objectifs. Son impulsivité, ses décisions prises brusquement, avec hâte, son impatience s'ajoutant à sa raideur d'esprit, son besoin de tout systématiser n'en font pas un diplomate, ni un politicien averti et ne rendent pas les associations ou les rapports avec les autres faciles.

Saturne conjoint à Uranus : L'indépendance, le besoin de liberté, d'action doivent compter sur le temps. Le sujet participe à la vie collective et en assume les responsabilités. Il peut se sentir limité dans l'utilisation de ses ressources intérieures.

Saturne en AH avec Neptune : L'intuition, l'inspiration, l'idéalisme, la foi associés au sens des réalités, à la persévérance, au sens des valeurs du temps permettent au sujet de se réaliser concrètement au travers d'un idéal. Aspect qui permet au sujet de jouer un rôle social, politique.

Saturne en AD avec Neptune : Le sujet doit se méfier de son inspiration, son intuition, sa générosité qui vont lui faire poursuivre un idéal illusoire, sans prise en charge de la réalité. Les besoins de s'engager existent mais dans cet engagement, le sujet risque d'être la victime et de se complaire dans ce rôle. Aspect de tension psychique qui empêche le sujet de comprendre, de sentir ce qui le limite dans sa liberté d'action. Il peut exprimer cette tension en la canalisant (écriture, art, etc.).

Saturne en conjonction avec Neptune : La vie intérieure est intense. Le sujet a l'impression d'être limité et privé en partie de sa liberté. Il doit passer par des phases de solitude, de sacrifice pour acquérir une certaine maturité. Le sujet peut ne pas se sentir concerné par la vie matérielle. Cet aspect ne se réforme que tous les trente-cinq ans environ (en 1917, en 1952-1953, il se réformera en 1989). Cette conjonction n'aura une influence dans le thème du sujet que si elle se trouve près de l'Ascendant du M.C. ou si l'ASC., le Soleil et la Lune sont en Capricorne, Verseau, Poissons, ou si ces deux planètes influencent la Maison I, II ou III (Maisons mentales, cette conjonction agit sur la manière de penser du sujet).

Saturne en AH avec Pluton : La tradition s'associe au pouvoir de rénover durablement et de progresser. Donne les moyens de s'adapter à des situations nouvelles d'origine politique ou collective sur le plan de la vie quotidienne. « Les transformations sont profondes. »

Saturne en AD avec Pluton : Difficultés dans les rapports avec les autres. Le sujet vit des périodes de crises liées au changement, au renouvellement qui sont indépendants de la volonté du sujet (ex. : crise politique, sociale.) Il doit s'adapter à des nouvelles situations (père absent).

Saturne en conjonction avec Pluton : Conjonction rare (1914-1918, 1946-1948, prochaine en 1982-1983). Ne tenir compte de l'influence de cette conjonction que si elle se trouve près de l'ASC. et du M.C. ou si la Lune et le Soleil sont dans le Capricorne, le Verseau, le Scorpion, ou l'une des planètes est maîtresse de l'ASC. ou de la Maison III et IX : « Maisons mentales », elle agit alors sur la manière de penser du sujet. Le sens des responsabilités est exagéré, scrupules, introspection, repliement sur soi-même. Renouvellement de la situation pouvant être provoqué par des crises d'origines politiques, sociales ou économiques.

Uranus en AH avec Neptune : Aspect de foi, d'intuition, d'inspiration, d'idéalisme de dons politiques possibles (création, « invention »). Le sujet participe à une action sociale ou politique. Stabilité et profondeur, résistance et équilibre psychique.

Uranus en AD avec Neptune : Nouvelle vision du monde et transformation qui concernent les valeurs idéologiques, philosophiques, sociales, scientifiques, religieuses, politiques, artistiques. Pour le sujet, nouvelles valeurs, bouleversements dans le groupe, la société dans laquelle il vit.

Uranus en conjonction avec Neptune : Rencontre de planète lourdes qui jouent sur un plan mondial, aspect de génération, plusieurs millions d'hommes l'ont dans leur thème. En thème individuel, il faut que les planètes soient maîtresses soit de la Maison I, III ou IX. Il s'agit pour le sujet de participer personnellement au mouvement collectif, aux transformations concernant son époque. Aspect très rare qui correspond à une époque de l'Histoire. Association des planètes les plus importantes du monde collectif. Associe la liberté et le progrès. Nouvelle vision spirituelle mystique. Possibilité de vocation. Don d'invention dans des domaines hors du commun.

Uranus en AH avec Pluton : En thème individuel, n'en tenir compte que si l'une des planètes est maîtresse de la Maison I, III ou IX. La discussion va s'établir entre le besoin de s'engager, de progresser, d'innover entre l'espace, le présent, le monde au grand jour et la partie inconsciente et profonde liée au monde du collectif et de notre passé. Pour le sujet, engagement politique, scientifique, social, basé sur une nouvelle idéologie, philosophie, politique.

Uranus en AD avec Pluton : En thème individuel, n'en tenir compte que si l'une des planètes est maîtresse de la Maison I, III ou IX. Aspect qui correspond à une époque de l'Histoire où la cassure s'est faite entre la génération (ayant cet aspect) et la précédente. Besoin pour cette génération de bouleverser, de comprendre, d'analyser, d'innover, sans l'accord ni la compréhension des aînés, d'où équilibre psychique difficile à maintenir pour le sujet. Crise concernant les idées, l'idéal, les options, les choix politiques, sociaux, personnel. Tension nerveuse et psychique.

Uranus en conjonction avec Pluton : Conjonction qui s'est faite en 1965 dans le signe de la Vierge. Les sujets vivent une période de l'Histoire liée à de profonds changements au niveau de la médecine, de la conquête de l'espace, de découvertes atomiques, d'inventions liées aux ondes radio, de systèmes de pensée, nouveau langage politique, économique, social, etc. Rapports conflictuels entre le monde, le futur, le progrès et le passé, les valeurs traditionnelles.

Neptune en conjonction avec Pluton : Aspect qui appartient au monde du collectif. Fin d'une idéologie, d'un système, d'une foi. Obligation de changements : sociaux, philosophiques, religieux, politiques.

Neptune en AH avec Pluton : Aspect qui appartient au monde du collectif. Vision des choses fantastiques. Emergence de l'inconscient collectif. Créativité, fécondité qui donnent une nouvelle vision fantastique du monde (mystique, artistique, idéologique).

Neptune en AD avec Pluton : Aspect qui appartient au monde du collectif. Aspect de pollution, de désintégration, fanatisme, racisme, nouvelle idéologie liée à une période de crises profondes.

SOLUTIONS DES EXERCICES

• Résultats des calculs pour les Maisons du sujet né le 6 septembre 1962 à Nice.

	heures	minutes	secondes
Heure de naissance	19	00	00
Heure légale	– I	00	00
Temps sidéral exact	+ 18	00	00
Longitude Nice 06	+ 00	29	07
Temps sidéral éphémérides du 6 septembre 1962	+ 22	58	25
	= 40	87	32
	– 24	00	00
	= 16	87	32
Transformation des minutes en heures	17	27	32

Carte de Muchery à lire à 17 h 27 :

M.C.	27	ASC.	13
XI	12	II	03
XII	04	III	02

DE LA PAGE 136

• Résultats des calculs pour les Maisons du sujet né le 12 mars 1929 à Lyon (69).

	heures	minutes	secondes
Heure de naissance	22	00	00
Heure légale	– 01	00	00
Temps sidéral exact	= 21	00	00
Longitude Lyon	+ 00	19	16
Temps sidéral éphémérides du 12 mars 1929	+ 11	16	36
	= 32	35	35
	– 24	00	00
	= 08	35	52

Carte de Muchery à lire à 8 h 34 (heure la plus proche)

M.C.	06	ASC.	28
XI	10	II	26
XII	07	III	29

COMMENT INTERPRÉTER NOTRE THÈME D'EXEMPLE

Autre interprétation du thème d'exemple

Avant toute chose, il faut préciser que le sujet étant jeune, une partie des événements de la vie matérielle ne s'est pas encore réalisée. De même, l'évolution psychologique n'est pas terminée.

Nous sommes en présence d'un thème avec un Soleil en Vierge, un Ascendant Balance et un amas de planètes. (Lune, Vénus, Saturne, Neptune) en Balance. Le Soleil, Mercure et la Lune sont en Maison XII. Cela indique une forte dualité entre le désir de s'imposer, d'affirmer sa personnalité, au travers de la vie sociale (la Balance) et le repli sur soi, la tendance à s'isoler, à se fuir et à fuir les autres (Soleil et Mercure maîtres de la Maison XI : les amis en XII), Mercure en domicile conjoint au Soleil, en Trigone à Jupiter indiquent que les périodes de replis sont favorables pour l'évolution intellectuelle (Jupiter maître de III la pensée, Maison mentale, en VIII Maison des transformations psychiques).

L'ASC. et les planètes en Balance donnent au natif(ve) un tempérament artiste, esthète et sociable. Il est constamment à la recherche d'un équilibre harmonieux, d'autant plus qu'avec tous les carrés sur Uranus (avec Vénus, Saturne, Neptune et l'ASC.), il perd cet équilibre assez facilement.

Carré Uranus Ascendant : instabilité, nervosité, esprit inquiet, crises brutales. La planète gouvernant la Maison V, il y a une difficulté à conserver une situation affective durable.

Carré Vénus Uranus : Impulsivité affective, coups de foudre qui ne durent pas, remises en question des relations sentimentales, dramatisations de celles-ci, ruptures imprévisibles.

Carré Saturne Uranus : bouleversements à la fois familiaux (conflit entre la tradition et le progrès), professionnels, affectifs, les associations ne sont pas évidentes. Difficulté à vivre concrètement son idéal. Ces crises se produisent toujours de par la volonté du sujet, car Saturne exalté dans le signe de la Balance est aussi une planète qui gouverne l'Ascendant.

Tous ces carrés (ASC. M.C., Saturne M.C., Neptune M.C., Vénus M.C., ASC. Uranus, Neptune Uranus, Vénus Uranus) ont la même signification dans des domaines différents (amour, foyer, famille, argent, profession). Nécessité d'acquérir un équilibre qui sécurise. C'est la dissociation entre la « cellule protectrice » du Cancer et la sociabilité de la Balance.

C'est la difficulté du thème accentuée par Jupiter en Taureau gouvernant la Maison III et placé en VIII. Le Taureau : signe fixe, signe d'entêtement. Jupiter est carré à Pluton en Lion (autre signe fixe).

Le carré représente ici une crise entre le conscient et l'inconscient, génératrice d'angoisse, voire même d'obsession. Bien souvent, cela conduit à des échecs ou à la destruction d'une situation donnée qui oblige le sujet à opérer un changement radical. Jupiter lui donne la force de reconstruire, de recommencer. Ce qui est important sur le plan professionnel et financier (Sextile Uranus et Jupiter M.C.). Le Trigone Jupiter Mercure lui permet de se servir de son intelligence et d'en tirer des avantages matériels, lui donne l'optimisme qui le soutient et lui apporte la protection nécessaire pour réaliser son idéal (Mercure maître de IX et de XII en XII).

Les épreuves ne lui seront pas épargnées, mais il a la faculté de « s'en sortir » assez aisément.

La psychologie du natif(ve) est imprégnée par une épreuve familiale qui l'a traumatisé : la mésentente et le divorce des parents (Soleil et la Lune en Maison XII carré Saturne (représente le père), Uranus Saturne conjoint à l'ASC., la Lune conjointe à l'ASC.

Au départ, Uranus maître de V, en Cancer, donne un besoin de sécurité affective très grand au sein de la famille, mais Uranus chargé de carré a provoqué l'écroulement de la cellule familiale, ce qui a totalement désorienté le sujet. Tout le comportement sentimental vient de là. Après une rencontre à l'étranger, au cours d'un voyage, le natif(ve) s'est brusquement marié (Mars maître de VII en III en Sagittaire). Mars étant bien aspecté, on est en droit de penser que ce mariage va le stabiliser (Sextile Mars ASC. Mars Saturne).

Professionnellement, les arts, le cinéma, les combinaisons financières sont indiqués dans ce thème. Le sujet a le sens des finances. (Jupiter en Taureau en VIII Sextile à Uranus et au M.C., Uranus maître de la Maison V, spéculation et second maître de II, Mars maître de II en III) et le goût pour des spéculations – ces dernières sont parfois risquées et peuvent provoquer des faillites mais qui ne sont pas durables (Uranus maître de V, spéculation sur le M.C. assez mal aspecté, mais avec deux Sextiles Jupiter et Uranus et Jupiter M.C.), Jupiter, maître par exaltation du M.C. et situé en Taureau, en Maison VIII, indique les capitaux dont il se sert pour la production de films (cinéma, télé) marquée par Uranus sur le Milieu du Ciel.

Dans un autre domaine, la Maison IX en Gémeaux, avec Mercure en XII, indique qu'à un moment donné, le natif(ve) se tourne plus ou moins vers des recherches, des études d'ordre ésotérique, philosophique.

Il est évident que l'on pourrait ajouter encore bien des éléments à cette étude, et dans tous les domaines, mais elle n'a pour but que de démontrer comment fonctionne la « mécanique » d'un thème, l'analyse et la synthèse étant basées sur les données de l'ouvrage.

INTERPRÉTATION

Prenons le thème qui nous sert d'exemple et observons.

L'ASC. est dans le signe de la Balance avec un amas de planètes conjointes à l'Ascendant : Vénus, Neptune, Saturne, la Lune.

Le Milieu du Ciel est dans le signe du Cancer conjoint à Uranus carré à de nombreuses planètes en Balance, le Milieu du Ciel est lui-même carré à l'Ascendant.

Mars est tout seul en Sagittaire.

N'oublions pas qu'un thème s'interprète globalement.

Si nous commençons Maison par Maison, nous allons très vite perdre le fil et nous ennuyer ; nous noterons beaucoup de choses contradictoires et notre perplexité sera mise à l'épreuve.

Etudions un thème en choisissant le moment où l'on se sent en forme, inspiré, ouvert, disponible ; quand nous ressentons de la fatigue, de l'ennui, arrêtons et reprenons plus tard. Ce n'est pas un devoir fastidieux et assommant qui nous donnera envie de continuer à travailler.

Il y a des bases indispensables à apprendre.

Pour décrire la personnalité, observons :

1° Le Soleil (c'est l'âme du thème) ;
2° L'Ascendant ;
3° Où se trouve le maître de l'Ascendant ? Dans quelle Maison fonctionne-t-il ? Ses aspects avec les autres planètes ?

Observons les quatre angles : L'ASC., le M.C., la Maison VII, la Maison IV.

Les planètes qui sont proches de ces quatre angles (surtout de l'Ascendant et du Milieu du Ciel) sont valorisées (il faut tenir compte des aspects qu'elles forment) ; elles influenceront : les tendances, les motivations du sujet, sa manière d'agir, les facultés du sujet. Les planètes (rapides), celles de l'individu, comptent davantage que les planètes appartenant au collectif.

Dans notre thème, l'Ascendant est en Balance, le maître de la Balance « Vénus » est conjointe à l'ASC. Cette planète forme des aspects avec « le Milieu du Ciel », « Uranus », « Pluton », et elle est conjointe à Saturne, second maître de la Balance, Saturne lui aussi sera valorisé, il est maître d'une Maison angulaire : la IV. Nous avons déjà deux tendances contradictoires : vénusienne et saturnienne, et si nous observons Uranus conjoint au M.C., lui aussi forme beaucoup d'aspects. Cette planète aura son rôle à jouer. Regardons Jupiter exalté dans le signe du Cancer : M.C. du thème qui forme des aspects avec le Soleil : « l'âme et le

Moi » du sujet et avec Mercure. Jupiter aura aussi son mot à dire.

L'Ascendant dans le thème est en Balance « le "Moi" va vouloir s'unir, s'associer, il va dépendre des autres, il va se confronter avec les autres, pour se situer ». Recherche de l'équilibre caractéristique du signe de la Balance.

Le maître de l'ASC. Vénus en Maison I (ASC.) : « le sujet a une forte personnalité ». Son intérêt et sa réalisation sont centrés sur lui-même. Nous avons là deux tendances opposées qui entraînent chez le sujet des conflits entre son besoin des autres et sa personnalité qui l'amène à ne s'intéresser qu'à ses problèmes.

Le Soleil est en Vierge : le sujet analyse les expériences, organisé, serviable, critique, anxieux, intellectuel, perfectionniste. Rien ne lui échappe, peut se noyer dans les détails – il est en Maison XII Maison des crises –; celles-ci l'aideront (car le soleil est très bien aspecté) c'est dans l'isolement que le natif(ve) prendra sa mesure.

Le sujet est personnel mais doit s'associer, s'intégrer socialement ; il est à la recherche de cet équilibre entre lui et les autres. Le Soleil en Vierge l'oblige à analyser le pour et le contre, à assimiler, à comprendre, n'oublions pas que son Ascendant en Balance le rend hésitant et le Soleil en Vierge va lui permettre, dans les périoes de crises, de comprendre les raisons de ses hésitations.

Continuons. Il est à la recherche de cet équilibre, il a le goût pour l'association, le besoin des autres, esthète (Balance), hésitant ; le maître de l'Ascendant Vénus est dans son signe en Balance, artiste raffiné, besoin de former un couple, son intérêt et sa réalisation sont centrés sur lui-même et en Balance liés aux autres.

Etudions la valeur des planètes dans les signes ternaire et quaternaire.

Comptons :

4 points pour l'Ascendant.
3 points pour les luminaires : le Soleil et la Lune.
2 points pour Mercure, Vénus, Mars, Jupiter, Saturne.
1 point pour Uranus, Neptune et Pluton.

Comptons en commençant par le premier signe du Zodiaque : le Bélier.

Feu : 1 = Pluton, 2 = Mars, total = 3 points.
Terre : 2 = Jupiter, 3 = Soleil, 2 = Mercure, total = 7 points.
Air : 4 = ASC., 3 = Lune, 2 = Saturne, 1 = Neptune, 2 = Vénus, total = 12 points.
Eau : 1 = Uranus, total = 1 point.

Air = 12 points

Importance des échanges, de l'intelligence, de l'assimilation (dispersion).

Terre = 7 points

Analyse, besoin de résultats concrets, un peu possessif, sélectionne et choisit ce qui lui va.

Nous retrouvons chez notre sujet le besoin des échanges, d'analyser ceux-ci et de les vivre concrètement après avoir sélectionné ceux qui lui permettent d'acquérir son équilibre.

Feu = 3 points

L'élan, l'orgueil, la chaleur, la conscience du « MOI » sont dominés par le besoin de comprendre concrètement et intellectuellement.

Eau = 1 point

La mémoire, l'inconscient, le rêve, la sensibilité, l'instinct sont soumis à une analyse ; en fait, la spontanéité est toujours freinée par le besoin de rationaliser et de penser intellectuellement. « Peur de l'instinct, de la sensibilité, des sentiments. »

Continuons :

Cardinal : 1 = Uranus, 4 = ASC., 3 = Lune, 1 = Neptune, 2 = Vénus, 2 = Saturne, total = 13 points.
Fixe : 2 = Jupiter, 1 = Pluton, total = 3 points.
Mutable : 3 = Soleil, 2 = Mercure, 2 = Mars, total = 7 points.

Cardinal = 13 points

Croissance, formation, évolution, désir d'atteindre les sommets. Symbolise l'élan, l'activité, l'énergie. Notre natif(ve) en aura, il saura se défendre et agir.

Fixe = 3 points

Tendance à avoir des difficultés à conserver les acquis (manque de fixité chez le natif(ve) ; on bouge, on échange, on change d'objectif ; il aura besoin d'apprendre à se fixer des objectifs précis.

Mutable = 7 points

Changement, mouvement, évolution ; répartit le pouvoir. Le sujet agira, il aura l'énergie pour le faire et la souplesse ; il s'adapte, analyse ses expériences.

« Son problème sera de fixer les acquis et de garder le pouvoir ; il devra se fixer des objectifs. »

Nous avons déjà des informations concernant notre sujet. Continuons, regardons notre thème et posons-nous des questions sur la vie du sujet.

Nous avons des planètes dans le signe de la Balance, (ASC. du sujet), beaucoup de conjonctions, le Milieu du Ciel et « l'Ascendant » forment un carré « Uranus » et lui aussi carré de l'ASC. et aux planètes qui habitent cet Ascendant, Uranus est conjoint au M.C., il est maître de la Maison V (les amours, la créativité, la spéculation, les enfants, les jeux). Il y aura des conflits, des transformations, entre sa personnalité (Ascendant) et son devenir social (le M.C.) ceux-ci forment un carré). Maison V en Verseau : l'argent pose des problèmes, il y a des fluctuations à ce sujet.

L'Ascendant en Balance avec Vénus et Saturne, ses deux maîtres en domicile et en exaltation. Observons les relations du sujet avec les parents. Le Milieu du Ciel est en Cancer le maître du Cancer. La Lune elle, est en Maison XII ; le père, symbolisé par le Soleil, est lui aussi en Maison XII ;

Saturne, planète qui symbolise aussi « le père », est conjoint à l'ASC., il est maître de la Maison IV en Capricorne ; le Milieu du Ciel est carré à Saturne ; les deux planètes Vénus et Saturne maîtresses de l'ASC sont en conjonction ; la conjonction Vénus Saturne n'est pas très gaie (frustration affective, voir rapports parentaux) ; en tenant compte de ses éléments, on constate que la difficulté affective du sujet a son origine dans ses relations avec les parents – effectivement, ceux-ci sont divorcés et le père (Saturne) conjoint à l'ASC. maître de la Maison IV était très autoritaire et a marqué le sujet qui a souffert de cette relation – d'où cette conjonction Saturne Vénus.

Tout cet amas de planètes en Ascendant en Balance carré à Uranus lui-même conjoint au Milieu du Ciel vont poser un problème : celui de l'équilibre qui est lié aux transformation sociales, matérielles, affectives, parentales que le sujet doit régler pour vivre plus harmonieusement.

Le couple, l'association ?

Observons la Maison VII. Elle est en Bélier (l'union, l'association se fait d'une manière impulsive et imprévue : partenaire énergique). Le maître de la Maison VII Mars est en Maison III en Sagittaire Sextile à la Lune (symbolisant la femme) maîtresse elle-même de la Maison M.C. Mars est bien aspecté dans le thème du sujet. Le sujet a rencontré sa femme qui est étrangère au cours d'un voyage (Mars maître de VII en III en Sagittaire), celle-ci le conseille, l'aide très bien en matière financière et professionnelle.

Sa vie affective ?

Examinons la Maison V. Elle est en Verseau le maître Uranus en Cancer conjoint au M.C. Le sujet a tendance à dramatiser ses sentiments : Uranus carré à Vénus (tension émotionnelle, impulsivité affective, besoin d'être aimé, ruptures imprévisibles) ; effectivement, le natif est sujet aux coups de foudre l'instabilité affective liée à la dualité entre le besoin d'association et d'union. La Maison des amours en Verseau avec Uranus carré à Vénus oblige le sujet à vivre des bouleversements (des amours entre autres), mais observons la Maison VIII (Maison des changements, des bouleversements, des transformations, des capitaux, de la sexualité). Jupiter l'habite, cette planète symbolise l'expansion, la légalité, elle est maîtresse de la Maison III en Sagittaire où Mars maître de la Maison VII est installé Jupiter est Sextile à Uranus. « Le sujet se calme au moment du mariage. »

Les finances du sujet ?

La Maison II est en Scorpion, le maître de cette Maison est en Sagittaire et en Maison III (les écrits, les déplacements, l'entourage, le mouvement), le maître du Sagittaire est Jupiter (expansion matérielle), il est en Maison VIII et dans le signe du Taureau (Maison II du Zodiaque symbolisant la possession matérielle), excellente position pour les biens qui protège le sujet en matière financière. « Il développe ses biens, son avoir. » Observons Mars, maître de la Maison II en Trigone à Pluton, lui-même 2e maître de la Maison II habitant le signe du Lion et occupant la Maison XI (les projets, les amis), seront liés aux finances, à la création (Lion) en XI ; effectivement, le sujet s'occupe de spectacles, malgré les crises financières liées aux projets, aux associations, à la situation Jupiter en VIII carré à Pluton maître de II (les amis, les projets, l'argent, les capitaux – crises dans ses maisons –), Uranus conjoint au M.C. Sextile à Jupiter et Mars, et Pluton maître de II en Trigone soutiennent le sujet – il s'en sortira malgré les hauts et les bas en matière financière.

Comment est-il intellectuellement ?

Rappelons-nous qu'il y a beaucoup de planètes en signe d'air (échange, intellectualité), la Maison III est en Sagittaire (sens de la synthèse, enthousiasme, indépendance), le maître de III Jupiter en Maison VIII en signe fixe en Taureau va rendre le sujet un peu têtu, il faut comprendre concrètement, il se sert de son intelligence pour des réalisations pratiques, Jupiter Trigone à Mercure en XII, Mercure maître de la Maison IX (la pensée supérieure), Mercure est dans son signe la Vierge (qui analyse les expériences et qui est un signe mental), il évolue intérieurement et intellectuellement, Jupiter en Maison VIII (transformation psychique), Mercure en Maison XII (les crises, l'exil), les expériences, les crises sont fécondes intellectuellement.

Sa réussite sociale ?

Observons la Maison X. Elle est dans le signe du Cancer (la foule, la famille, la réussite peut dépendre de l'opinion publique : transactions de toutes natures), la Maison X est conjointe à Uranus maître de la Maison V exalté en Maison II (la V en Verseau, la créativité, les spéculations, le spectacle, etc., lié au domaine d'avant-garde (radio, télé, etc.), symbolisé par le signe du Verseau : sa réussite dépendra des autres, du public, etc., maître de la Maison X en Cancer, la Lune, la foule, etc. en Maison XII situation et ambition secrète, elle ne se réalise pas au grand jour, épreuve à ce sujet, la Lune est bien aspectée, elle est Sextile à Mars maître de la Maison II et de la Maison VII dans le cas du sujet, il y aura des associations secrètes ou rentrées d'argent cachées, il faut tenir compte de ce qu'il est dans les affaires et qu'il prépare ses opérations futures dans le plus grand secret.

Résumons : situation avec des changements, la foule, le public aura son mot à dire, transactions cachées et besoin de s'isoler pour organiser ses projets, ceux-ci dépendront de l'argent, de la créativité et seront liés aux domaines d'avant-garde, de mode, etc.

Ses relations avec ses amis, ses projets ?

La Maison XI est dans le signe du Lion (projets prestigieux, amis brillants, la créativité, les jeux, les spectacles, les plaisirs). Le maître du signe du Lion, le Soleil, est en Maison XII en Vierge. Amitiés secrètes, aide de sociétés secrètes, etc. (le sujet s'intéresse au domaine occulte), crises dans les amitiés et les projets.

En Maison XI Pluton, ruptures des projets, amitiés passionnelles, effectivement Pluton maître de la Maison II Carré à Jupiter en VIII nous laisse supposer que le sujet risque de perdre de l'argent dans des projets qu'il peut faire avec des amis (effectivement, le sujet a perdu de l'argent en montant une société de production avec un ami avec qui il s'était associé), mais Pluton Trigone à Mars tous les deux maîtres de la Maison II et Mars maître de l'association Maison VII nous laissent penser que ces associations seront en fin de compte favorables au sujet (dans sa vie professionnelle, il crée des sociétés et manipule de l'argent et bien sûr avec des risques de pertes et d'échecs) mais Jupiter en Maison VIII en Taureau et Mars maître de II Trigone à Pluton en Lion le protègent, les amis sont là et l'aident, Soleil maître de la maison XI Trigone à Jupiter.

Les crises de la vie ?

La Maison VI en Poissons (instabilité du job, indécision, inspiration dans l'activité) (le maître de VI Neptune conjoint à Saturne et conjoint à Vénus carré à Uranus). Le natif(ve) se réalise en servant les autres (effectivement, il aide les gens avec lesquels il travaille) Saturne conjoint à Neptune) « impression d'emprisonnement, de limitation de la liberté », le sujet est limité dans la mesure où il dépend des autres pour que ses projets aboutissent. « C'est un inquiet. » Saturne carré à Uranus et en M.C., inquiétude, « besoin de systématiser, difficulté à vivre son idéal, conflit entre la tradition (image du père étouffante et autoritaire) et le progrès, son job, sa réussite personnelle ». Neptune carré à Uranus, « changement dans le groupe dans lequel il vit ». Sur le plan de la situation, il y aura beaucoup de bouleversements. « Tendance à l'angoisse, tension psychique. » Soleil en XII, le « Moi » a besoin de s'exiler, d'analyser, de comprendre pour s'exprimer. Soleil Trigone à

Jupiter maître de la Maison III, « la pensée », Soleil conjoint à Mercure maître de la Maison IX et de la Maison XII, « voyages intérieurs », le sujet adulte sera transformé et le domaine du mental prendra une autre dimension – l'analyse, l'introspection après chaque crise vont l'amener à mieux se connaître et à vivre sa vie solaire –, les obstacles, les blocages sont salutaires. Mercure en XII, « adolescence pénible ou difficile » (voir rapports parentaux) Soleil Trigone à Jupiter aspect qui va lui permettre de trouver l'équilibre entre la volonté et l'expansion face aux crises « qui l'aident à obtenir une reconnaissance sociale » ce Trigone est un aspect de chance. Mercure en XII maître de la Maison IX et de la Maison XII (pensée profonde, isolement). Il sait se servir de son intelligence et tirer parti des situations : Mercure Trigone à Jupiter, Jupiter maître de la Maison III en vue d'avantages matériels ; en fait, cette Maison XII va lui permettre de faire le point, de recharger les accus et de redémarrer plus solide qu'avant ; elle l'aidera à trouver son équilibre mental.

Dans le thème de notre sujet.

Nous n'avons aucune planète en exil ou en chute. Les carrés obligeront notre sujet à avancer, à se situer (malgré lui bien souvent), et à régler des comptes qui lui permettront de se stabiliser vers la maturité ; il aura une vision différente des choses et une vue plus large et plus ouverte sur les autres et surtout sur lui-même.

POSTFACE

Après avoir assimilé parfaitement le mécanisme de l'Astrologie, vous êtes encore des débutants dans la partie analyse et interprétation du thème.

Il vous faut donc acquérir, à travers une pratique fréquente de l'Astrologie, la formation et l'expérience qui vous permettront de tirer des conclusions objectives et rationnelles.

A travers l'apprentissage que j'ai suivi avant d'acquérir une bonne connaissance de l'Astrologie, j'ai pu établir quelques règles qu'il est impératif de suivre avant de commencer l'analyse de thèmes.

1° Exercez-vous sur des thèmes de personnes avec qui vous n'avez aucun lien affectif (entourage, famille, etc.). Sinon vous projetterez sur eux vos propres angoisses, peurs, problèmes, etc.

2° Analysez le thème dans son ensemble et non point par point, suivant chaque position de planète.

Par exemple, dans certains ouvrages, la description de la Maison VIII est tragique et celle de la Maison XII fatale ; or, ce n'est pas toujours le cas. La Maison VIII est surtout la Maison des mutations, des transformations, des petites morts que nous vivons chaque jour, afin de devenir nous-mêmes et la Maison XII, la Maison du travail intérieur qui enrichit le sujet et l'oblige à faire le point.

L'Astrologie n'est pas synonyme de :
- fatalité ;
- drame ;
- épreuve ;
- déterminisme absolu ;
- destin inexorable.

3° Pour devenir un bon astrologue :
- laissez votre intuition se développer ;
- assimilez lentement ;

– ayez l'esprit froid et le recul nécessaire ;
– ne prenez pas les descriptions à la lettre ; il s'agit davantage d'indications et d'orientations que d'affirmations ;
– n'interprétez pas les aspects les plus terrifiants comme définitifs, mais comme des moyens d'évolution pour le sujet.

4° L'Astrologie ne prédit pas un événement ; elle indique les phases de mutations, de transformations de l'individu. Ses options sont liées à la connaissance qu'il a de lui-même, de sa liberté, de ses limites.

L'Astrologie vous rend indépendant, autonome, libre de connaître les limites de cette liberté, de composer avec vos contradictions, d'accepter les différences, d'écouter les autres, d'engager le dialogue, de communiquer, de vous ouvrir. C'est un outil qui vous sert à travailler votre terre intérieure, à observer les anciennes moissons, à préparer la nouvelle qui est en vous et ne demande qu'à naître et à s'épanouir.

TABLE DES MATIÈRES

	Pages
Introduction	7
Outils nécessaires au montage d'un thème	9
Symbolisme des signes	47
Les planètes	89
Les aspects	99
Les planètes dans les signes	107
Apprenons à monter un thème	125
Les maisons, leurs significations	129
Interprétation des aspects	183
Comment interpréter notre thème d'exemple	207
Table des matières	221

Achevé d'imprimer le 29 novembre 1991
sur les presses des Imprimeries Delmas
à Artigues-près-Bordeaux.

Dépôt légal : novembre 1991.
N° d'imprimeur : 35039.